坊さん、父になる。

白川密成

ミシマ社

プロローグ

はじめての子どもの出産予定日にお葬式の予定が入った。といっても、親類や友人のお葬式ではない。僕は坊さんである。だから人が亡くなると呼ばれて読経《どきょう》し、供養《くよう》する。

尼僧《にそう》でもある妻の陣痛が始まったら、彼女の実家のある神戸から連絡があり、僕の住んでいる愛媛から駆けつけることになっていた。僕はメジャーリーガーのように、子どもの出産に立ち会うために欠場するオプションは選択せず、お葬式を拝むことにした。予定日に出産する確約があるわけではなかったし、妻もわかってくれるような気がした。

「坊さんって忙しい？」

同世代の友人から、そう聞かれるたびに、僕は決まってハードボイルドな口調でこう言った。

「誰のスケジュール帳にも、お葬式の予定を記載することはできない」

友人たちはいつも「あはは」と笑い、「そりゃそうだ」とつぶやいた。

そして僕は、葬式だけではなく人の生命が誕生する日付も、前もって手帳には書けないことを知った。

もちろん例外は存在するけれど、世界の多くのお坊さんは結婚しない。「なぜ日本のお坊さんは結婚するの？」という問いは、たぶん宗教史的にも民俗学的にも重要で興味深い問いである。でも、ここで起こっているのは、「日本の坊さんである僕は結婚して、子どもを授かろうとしている」という現実以外のなにものでもなかった。

結局、その日、子どもは生まれてこなかった。

お葬式と同じ日の夕方、火葬場でお骨になったご遺体を前にして、お経を唱えたすぐ後、陣痛が始まり、病院に入ったと神戸のお母さんから連絡があった。僕は急いで法衣《ほうえ》を脱いで夜の「特急しおかぜ」に飛び乗り、漆黒《しっこく》の沈黙を見せる瀬戸内海を越えて、深夜、四国から神戸へ妻に会いに行った。

僕と妻の子どもは、まだ生まれてはいなかった。

妻はとても苦しそうにしていた。

「ミッセイさん、来てくれたよ」

そうお母さんが声をかけると、妻は軽く反応はするけれど、とにかく痛がって苦しそうだった。

家族には、まだ一度も話したことがないことだけど、僕はその時、否応なく祖父の臨終の場面を繰り返し、思い出すことになった。なぜだかは、わからない。しかし強烈に生を予感させる場面には、死の記憶と香りが充満していた。あるいは、それは僕が死者を供養したばかりの「坊さん」だったからなのかもしれない。

そして子どもは生まれてきた。

妻は、お寺ではない家で育った。しかし中学生の頃、日本の仏教修行の中でも、とくに荒行と言われる「千日回峰行《せんにちかいほうぎょう》」をテレビ・ドキュメンタリーで観て、「私、これになる」と突然感じ、OLをしながら修行資金をため、縁のできた高野山のお寺で修行し、本当に尼僧になった。中学生の頃は、木の彫刻で時計をつくる図画工作の課題で「般若心経《はんにゃしんぎょう》」を刻み、周囲を困惑させたらしい（そしてそれは今も大切に保管されている）。

僕は住職の孫として生まれ、小さい頃から、人の生死や生命の「根源的なこと」を考えることが「坊さん」の役割だと感じ、「かっこいいし、おもしろそうだな」と感じるままに、人生は流れ、寺の若い住職になった。

そんなふたりの「坊さん」が親になった。

もちろん、当の本人である、その小さな女の子は、自分の両親が坊さんであることなど意に介さず（当たり前だ）、おぎゃーと泣いたり、にやっと笑ったりしている。

そしてそれを見て、僕たちも一年生の親として、困ったり、つられて笑ったりする。

> 『『わたしには子がある。わたしには財がある』と思って愚かな者は悩む。**しかしすでに自己が自分のものではない。ましてどうして子が自分のものであろうか**。どうして財が自分のものであろうか』
>
> 『ダンマパダ』──法句経──第五章六二

仏典の中でもなんだか胸に響く好きな言葉だ。とくに「どうして子が自分のものであろうか」という部分は、現代の親子関係にもヒントとなるように思った。その言葉が念頭にあった僕は、

「僕たちの子どもも、僕たちのものではない。だから名前は尊敬する人や、縁のある人につけてもらうのはどうだろう？」

と一丁前の坊さんを気取り、提案した。

「ちょっと、いややわ。それやったら私がつけるわ」

間髪《かんぱつ》入れずに、関西弁でカウンターパンチを食らった僕は、

「うっ。ほしたら、僕がつけようわい（それだったら、僕がつけるよ）」
と、慣れ親しんだ伊予弁（愛媛の方言）で小さく応えるのがやっとだった。
「私と同じひらがなの名前にしてほしい」
それだけが、妻からのリクエストだった。

すこし僕のことを書いてみたい。

二十四歳で先代住職の死を受けて、お遍路さんが訪れる四国八十八ヶ所のお寺のひとつ、栄《えい》福寺《ふくじ》の住職になった。住職になって以来、「仏教はもっと僕たちの生活の中で、リアルに役に立つもの」、そんな実感をさまざまな形で伝えたくなり、できるかぎり〝わかる言葉〟で仏教を語り、人気のウェブサイトで日々の生活を連載したり、お寺のオリジナルTシャツを制作したりした。

Tシャツにプリントしてもらった言葉は、「Sometimes my name is you.」（時々、僕の名前は君だ）。今の自分が感じている「仏教のこと」をひと言で表そうとしたらそんな言葉になった。その横には漢字で、「菩提心《ぼだいしん》」「空性《くうしょう》」の文字。かなり抹香《まっこう》臭いTシャツであることは間違いなかったが、はじめに買ってくれたのは、とびきり美人の外国人女性巡拝者。僕は冷静さを装いながら、心の中でガッツポーズをした。

僕は「坊さん」一年生を思う存分楽しんでいた。

そこから一年が過ぎ、二年、三年、四年……、気づけば十年の時が過ぎていた。正直言うと最初の頃の「見るものすべてが珍しい」季節ではなくなっていたけれど、ときにドタバタ、ときに静かな生活の中で、新しい風を起こそうとしたり、自分なりのサイズで仏の教えに耳を澄ませようとしたりしてきた日々でもあったと思う。


それは僕にとって、「妻との結婚」「お寺の新しい建物、演仏堂《えんぶつどう》の建立《こんりゅう》」「すこしばかりの心身の不調」、そして「娘を授かり父親になる」という人生の大きな節目でもあった。

そして、そんな頃に考えてきたこと、なにげないけれど、時々とても大切なように感じられる「仏のヒント」を、まるで親しい友だちに手紙を書くように、今から、みなさんにお話ししたい。


十年たっても、「やはり坊さんは可笑《おか》しい」と痛感するシーンは、後を絶たない。僧侶の結婚披露宴に参加した時、新郎の修行同級生（というのも変な言い方だけど）たちの〝余興〟が「歌」だった。それはよく見るシーンだ。しかし、黒ずくめの法衣を着た若い二〇人ほどの僧侶が、情熱的に歌い上げる長渕剛の「乾杯」は、一種、壮絶な迫力があり、場内からは低いどよめきの声があがった。

「明日の光を身体にあびて　ふりかえらずに　そのまま行けばよい
風に吹かれても　雨に打たれても　信じた愛に背を向けるな」

長渕剛「乾杯」

日本人には、おなじみのこの歌詞が、仏典のように響いた宴《うたげ》であった。その場に居合わせた独身女性の頬が紅潮していたのは、「私もお坊さんと結婚したい……」と興奮していたわけではなく、おそらく笑いをこらえていたのであろう。

またある僧侶のお葬式に出仕していた時、儀式で発生する諸々の所務を執りおこなう承仕《じょうじ》という役割の若い僧侶が、普段の職業上の癖なのか、ほがらかに微笑んでいた。僕から見れば違和感を感じるような表情ではなかったが、僕のとなりに座ったその僧侶の父親（この人もお坊さん）がスクッと立ち上がり大声で叫んだ。

「おい、笑うな！」

周りの参列者は、度肝《どぎも》を抜かれていた。

そんなこんなで時間がかかり、ある僧侶がそれに続いて立ち上がると、葬儀の最中であるにもかかわらず司会の人に向けて、まるでテレビのプロデューサーのように、手をグルグルと回した。言葉は発しなかったが、その姿は全身である言葉を発していた。

「おい、〝まき〟で（早くして）！」

ある婦人がついに吹き出してしまった。


「どうしてお坊さんがすることは、いちいち可笑しいのだろう」

それは僧侶である僕にとっても大きな謎だ。そして誤解を恐れずに言えば、そこにある「笑い」は、「日本のお坊さん」のポジティブな可能性のひとつだと感じている。異論もあるでしょうけれど。

だから、この本は「お坊さん」の話であり「仏教」の話でもあるわけだけど、どうか肩とお腹の力を抜いて、リラックスして読んでほしい。それは「あなた」や「私」の話でもあるわけだから。

この本が、あなたの人生の一大事になることがなくても、小さくてささやかな「リラックスと笑いの種」になることを。

坊さん、父になる。

目次

I

坊さん、結婚する。

坊さん、仕事で悩む。 II

坊さん、寺をつくる。 III

IV

坊さん、父になる。

装丁　寄藤文平
杉山健太郎

I

坊さん、結婚する。

沈黙

――そのとき維摩《ゆいま》は黙然として、言葉がなかった――

第１話

沈黙の語るもの

「言葉にしてくれないとわからない」

そんな会話を時々、耳にします。

「おっさん(僕の住む地方では和尚《おしょう》さんという意味)、
うちの息子は、とにかく言ってくれなくて……」

なんてお話を聞くことも。

でも、「黙っている」ということ、そう、〝沈黙〟の中には、
言葉以上の大切さがあると感じることがあります。
あるいは、まるで「生と死」が、分かちがたいものであるように、
「沈黙」と「言葉」は、
お互いが大切に補完し合っているものなのかもしれない。
そのあたり、仏教の教えや弘法大師の言葉から、
考えるヒントはないか、ちょっと思いを巡らせてみました。

お坊さんと恋

すこし時間の針を巻き戻して、尼僧の妻との出会いについて記しておきたい。

彼女と出会ったのは、仏教聖地、高野山での「密教の伝授会」だった。僧侶ではない人たちからは「なんなんだ、それは！」と声がかかりそうだけど、それ以外にうまい説明は思いつかない。

「坊さん」はけっこう、男性中心の集団である。しかし少なからず女性の僧侶（尼僧）もおられるわけで、その伝授会がおこなわれた高野山大学の大きな教室でも、前のほうに固まって尼僧さんたちが陣取っていた（尼僧さんたちは、勉強熱心な僧侶が多い気がする）。

その中に彼女はいた。その中でも「若い尼僧さん」の姿はなんだか新鮮だった。となりのお坊さんと談笑している横顔を眺めながら、一番後ろに座った僕は、

「あの子と、この後、食事にでも行けたら楽しいだろうけれど、坊さんの勉強会でそういう流れになるわけないよな！」

とひとりで考えていた。しっかり勉強しろよ、と今さらながら突っ込みたくなる。

伝授会は毎回、三泊四日ほどのスケジュールでおこなわれ、娯楽施設はほとんどない高野山(だからこそ聖地なのだ)で、講義の後はいつも退屈に過ごしていた。

彼女の座っている場所は大学院の学生が固まって座っているゾーンで、

「大学院生ということは、二十三歳ぐらいか。三十歳の僕とはずいぶん年齢が離れているけれど、オレのほうは全然、OK」

誘われてもいないのに、爽《さわ》やかな眠気とともに妄想はさらに展開していた。

伝授会が終わり、さぁ今日中に四国に帰らなきゃ、と考えながら大学の廊下を小走りしていると、ちょうど向こうから彼女が歩いてきている。とりあえず、声をかけることにした。

「おつかれっす」

我ながら、色気のないひと言だ。しかも運動部出身丸出しの謎の「っす」。ふふ、俺も恋愛に縁がない男よ……、と自嘲気味に自分に笑いかけようとした時。意外な言葉が彼女からもれた。

「白川密成さんですよね」

まさにそうである。僕はUターンした。そう、僕は白川密成だ。

「なんで知ってるんですか？」

「あの、インターネットの文章、読んでます」

当時、僕は若い読者の多いホームページで、坊さん生活のエッセイを連載していた。タイトルはずばり「坊さん。」。しかし、こんな場所に読者がいるとは思わなかった。

「読んでくれてるんですか？」

「そうなんです。私もお寺とか仏教って、もっと可能性があると思っていて……」

と話が弾みそうになった時、僕はバスの時間が気になった。

「今から下山《げざん》するんだったら、続きは電車でどうですか？」

焦っていたのが逆に幸いしたのか、僕はなんとか噛《か》まずにその言葉を発すると、彼女はコクリとうなずいて、一緒に千手院橋《せんじゅいんばし》バス停まで急いだ。

南海高野《こうや》線の最終駅、なんばまでの約一時間半、僕たちは「仏教が今の時代におもしろいはず」といった話を延々、話し続けた。正直、僕の声はガラガラになってしまったほどだ。ちょっと話してみると、彼女がただの「勉強熱心な女性の僧侶」でないことはすぐにわかった。仏教が今、現実に生活している人にリアルに感じられていないことに対する冷静な視点。そしてそれを解きほぐすには、わかる言葉、切実なモチベーション、ワクワクするうれしさのようなものが必要だと感じていた。まだ、なにもできていないけれど……。

そして、その問題意識ともどかしさは、僕と重なり合うものがあった。

神戸と四国で、地理的にはすこし離れてはいたけれど、僕たちは仲のいい法《のり》の友《とも》（共に仏道に志す者）として、たまに会うようになった。

初デートは比叡山《ひえいざん》。彼女のおすすめの場所だった。

京都旅行で訪れた博物館の展覧会は、「高僧の袈裟《けさ》展」。最澄《さいちょう》さんの袈裟と伝えられている袈裟が、迷彩柄のようになっていてふたりで盛り上がった。

はじめての僕からのプレゼントは、草木染めの作務衣《さむえ》。有名なグラフィック・デザイナーがひいきにしている店での、自信の贈り物だったが、彼女は「プ、プレゼントが作務衣……」と若干ひいたらしい。

僕は自然と彼女を「女性」として意識するようになった。友だちは、それなりにいるほうだったが、正直に言うと「男女の恋愛」については、かなり経験の浅い部類の人間だ。そんな話をしていると、多くの方が、「それは、和尚さんは修行が厳しいから、それどころじゃないでしょう」と励まして(?)くれるのだが、坊さんでももてる人はもてる。そっち方面が得意な人は得意だ。

もっと若い頃、若い坊さんたちが男女の交際をもくろんだ食事会、「コンパ」を企画し、誘ってくれたことがあった。招かれたのは看護師の女性たち。「坊さんvs.ナース」である。男性中心の坊さんたちと女性中心の職場、利害関係は一致した。

「お坊さんって、毎日なにしてるんですか?」

「おもに、毎日、木魚《もくぎょ》を磨いてるよ」

渾身《こんしん》のギャグだったが、「ふーん。そうなんだ。忙しいんだ」という声とともにまったく盛り上がらなかった。

ちなみにちょっと恋の香りのする仏典の言葉がある。

「青春を過ぎた男が、**ティンバル果のように盛り上がった乳房**のある若い女を誘《おび》き入れて、かの女についての嫉妬から夜も眠られない、──**これは破滅への門である**」

ようするに「恋は破滅への門」とある。しかも「盛り上がった乳房のある若い女」などと、妙に描写が細かいのが、さらに悩ましい。

『スッタニパータ』一一〇

そんなある日、彼女と高野山で会う機会があった。山内の生活でお世話になっている人たちを紹介され、学生時代から慣れ親しんだ居酒屋での楽しい宴の後、お酒もすこし入って、僕は上機嫌だった。

ライトアップされた壇上伽藍《だんじょうがらん》の根本大塔《こんぽんだいとう》(そういうところがある)をふたりで歩きながら、彼女が不意に言葉を発した。

「私、ミッセイさんの心の底が見えへんねん」

(迫力満点の関西弁じゃ! ほとんど映画『どついたるねん』の世界やんか)

とアホなことをこちらも四国の方言丸出しで考えながら、

「そうかな。そうは思わんけど。俺のこと、わからん?」と曖昧《あいまい》に答えた。

自分にそういう「うちとけられない」部分があるのは、百も承知だった。でもそれは、子どもの頃からずっと隠してきたつもり。僕はずっと、〝アホみたいに底抜けに明るい白川君〟で通してきた。でも、僕のなかの何かが彼女には伝わった。そして人に真っ正面からそう伝えられたのは、はじめてだった。

「うん。腹をわって話そうや。全部、ぶっちゃけてほしいねん」

「あっ、そうね。それがいいね」

なんてまた曖昧に答えながら、僕は今までよりもすこし正面から、彼女のことを見つめはじめていた。

「来ることができたのは私の力ではないし、帰るのは私の意志ではない」

弘法大師 空海『遍照発揮《へんじょうほっき》性霊集《しょうりょうしゅう》』巻第二 現代語訳

【来ること我が力に非《あら》ず、帰ること我が志に非ず】

（漢文書き下し）

人生の中できっと必要な時がある、「私」ではなく、「誰か」の存在。どこかにいる特別な「他者」の力を必要としていることを感じた。

「これは頭で考えるよりも、体でぶつからないと前に進めないな」
そして気づくとふたりの坊さんは、つき合うようになっていた。

体の調子を崩し「沈黙」を思い出す

その頃、僕は住職になり数年がたっていたが、体の調子をすこし悪くしていた。食事をしたり、お経を読もうとしたりすると、頭がフワフワして、いてもたってもいられなくなることが、頻繁《ひんぱん》に起こる。かつて「めまい」を経験していたが、それとはすこし違う雰囲気だ。病院に行って検査をしてみても異常は見つからず、原因はわからなかった。

自分なりに原因を考えてみると、①学生時代にかなり激しくスポーツをしていたのに、急にあまり体を動かさなくなったこと。②住職の仕事に行き詰まっていたこと。③葬式に行くことが多く、「死」について思いを巡らすことが多かったこと。などを思い浮かべることはあったけれど、自分ではよくわからず、「悩む」というよりは、単純に生理的な不調が生活にとって不便だし、困っていた。

そして、ふと自分が周りの人たちの「態度」や「言葉」に過度に敏感に反応していることが多いことに気づいた。しかもそれに、なんとか反論しようとしている。

「**世には気に障ることばが多い**です。修行者はそれを堪え忍ばなければなりません。そのために、**おずおずしてはなりません。**それによって**苦しめられることはない**のです。森の中で風を恐れる麈《ちり》のように、〔人びとの〕**声におびえる人は、軽薄な人**であると言われます」

『サンユッタ・ニカーヤ』第九篇第八節五

そのような時、仏典の言葉はずいぶん僕を励ましてくださった。

そして「沈黙」ということを、何度か漠然と考えてきたように思う。お寺にいつか「詩碑」を建立したいという思いがある。それは詩人、谷川俊太郎さんの「来てくれる――河合隼雄《はやお》さんに――」という詩だ。この詩を本屋で読んだ時は、「人が人に想いを寄せる」、そのひやりとするほどの温かな温度に、その場所からしばらく足を進めることができなかった。その中にも「沈黙」についてとても印象的な言葉がある。

「私がもう言葉を使い果たしたとき
人間の饒舌《じょうぜつ》と宇宙の沈黙のはざまで

ひとり途方に暮れるとき
あなたが来てくれる」

（部分抜粋）

「人間の饒舌と宇宙の沈黙」

なんという胸を突く言葉だろうか。そして僕たちにとっての「沈黙」の意味の大きさを想像しながらも、それをうまく説明できない自分がいる。そういえば、お寺でなにか新しいイベントをするなら、どのようなものだろう？　と考えていた時に、「沈黙会《ちんもくえ》」という集いはどうかと思いついたことがある。「沈黙」の少ないこの世界に、「沈黙」を持ち合って、人が集まる。そのことはなにか、とても「お寺らしい」「仏教らしい」と感じたのだった。そのわりには、おしゃべりな自分を自省して、ぷっとひとり噴き出し、そのままになっていたけれど。

『維摩経』の中のみごとな沈黙

『維摩経《ゆいまぎょう》』というお経がある。

お坊さんでも仏様でもない主人公が、次々にお坊さんや菩薩《ぼさつ》などを論破していくという、戯曲的な性格をもったおもしろいお経だ。一～二世紀に成立したであろう、という説があり、聖徳太子作と伝えられる『三経義疏《さんぎょうぎしょ》』の中でも解説されている（ちなみにその他のふたつは『勝鬘経《しょうまんぎょう》』と『法華経《ほけきょう》』）。

そこでも大切なモチーフとして「沈黙」が登場する。

このお経の主人公の維摩が、そこに集まっている菩薩たちに、（仏の教えの理想とする）分別も対立するものもない世界〈不二《ふに》の法門に入る〉ということは、どういうことなのですか、と問いかける。

それを受けて、徳守菩薩、徳頂菩薩、師子菩薩、妙意菩薩、無尽意《むじんに》菩薩、などなどの菩薩は次々と自分の見解を述べていく。このあたりのシーンは壮観だ。

たとえば徳守菩薩は「〈我〉と〈わがもの〉というのは二つに対立したものです。〈我〉があるゆえに〈わがもの〉があるのです。もしも〈我〉がないならば〈わがもの〉というものもないのです。これが〈不二の法門に入る〉ことです」と応じてゆく。

そして最後の文殊《もんじゅ》菩薩が答えた後、文殊は、

「さぁ、あなたがお説きください。〈不二の法門に入る〉というのは、どういうことですか？」

と維摩に発言をうながす。

すると、維摩は「沈黙」するのだ（「そのとき維摩は黙然として、言葉がなかった」）。文殊はその「沈黙」に感動し声をあげる。

「みごとだ。みごとだ。さらに文字や語音も存在しない。これが真に〈不二の法門に入る〉ことです」

この議論の聴衆には五千人の菩薩がいるのだが、その菩薩、みんなが〈不二の法門に入った〉と経典には記されている。議論の当事者だけではなく、その無数の聴衆にもインパクトを与えるような、とてもスリリングで圧倒的な議論だということだろう。


これは語りかける言葉を否定するのではなく（なにせこの経典も〝言葉〟で書かれているのだから）、「世界に現れ出た言葉〝のみ〟で考えてはならない」「そこには同時に、〝現れている〟無数の沈黙があることを知りなさい」「沈黙でしか、語りえないものがあるとしたら、それに静かに耳を澄ませなさい」、そのような呼びかけを、感じる。これは、僕の個人的な感じ方かもしれないけれど。

「沈黙」からさとりを得た五千人の菩薩。そして宇宙の「沈黙」。

答えめいたものは、今、僕の胸の中にはないけれど、せめていつもよりすこし、沈黙というものに耳を傾け時間を積み上げてみたい、そんなふうに『維摩経』から思った。

弘法大師が語る「坊さん」の姿

空海は、自分が四十歳になった時に書いた詩の中で、このように述べている。

「砂いじりをして遊んだのは昨日のようなのに、四十の歳はせきたてる。どうして耐えられよう、太陽が矢のように早くめぐって、人の童顔を奪うのに。腹立たしいではないか、月が速く動いて、人を変化させていくことは。

士大夫《したいふ》〔官職や知識階級にあるものを指すか〕の連中はこの時に智力気力旺盛で出仕し、バラモンの祭司はこの歳に修行に邁進《まいしん》し、世俗の人はこれを祝って酒盛りするが、僧侶はどんなことを正しいとするのか。**目を閉じて正しい姿勢で座り、仏の徳を思い念ずるのがいちばんよい**」

弘法大師 空海『遍照発揮性霊集』巻第三 現代語訳

【撫塵《ぶちん》は昨《きのふ》なりしに、不惑《ふわく》は催《うなが》す。何ぞ忍びん、日天《にってん》矢のごとくに運《めぐ》りて、人の童顔を奪ふに。不分《にくからず》や、月殿《げつでん》疾《と》く来りて、人をして変異せしむること。士流《しりう》は是《こ》の日強占し、羅門この歳勇進し、俗家は之《これ》を賀して酒会するも、方袍《はうはう》何事をか是《ぜ》とせん。目《まなこ》を閉ぢ

て端座し、仏徳を思念するに如《し》かず。】

（漢文書き下し）

四十歳という「働き盛り」を迎えて、ある人は充実した心身で仕事に邁進し、またある人は、修行のように自分の道を究《きわ》め、それを祝う。それはある程度、私たちが住む今の社会でも似たところがあるだろう。

空海は、そんな中で僧侶（坊さん）である自分のスタンスは、〝目を閉じて正しい姿勢で座り〟というものであると、表明している。それは、他の社会的な人たちが、いわば加点方式の前のめりの動きをとるのに対し、一見、「なにもない」ように見える、「手放す」ような、沈黙の生き方だ。まるで「沈黙の宇宙」「日々の暗がり」と手を結ぶように、自らも目を閉じて、ある「沈黙」を志す。そのスタンスは、言葉での反論や説明を考え続けていた僕にとって、ある「気づき」を喚起するものだった。

新しい沈黙を見つける

「〔神いわく、――〕
この世において、〈争うことのない人々〉はだれであるか？　**だれの生活が滅びないのか？**（略）
〔尊師いわく、――〕
〈道の人〉は、この世において、**ざわめきから離れている人**である。〈道の人〉の生活は滅びない。（略）」

『サンユッタ・ニカーヤ』第一篇第八章第十一節

古い仏典でもこのような問答がある。
僕自身、田舎の農村に住んでいるので、正直に言うと、時々都市を訪れて、その「ざわめき」「にぎやかさ」に触れていると、逆に懐かしいようにほっとすることはある。しかし都市に住む人や、環境や心の中が「さわがしい人」（まさに僕の姿だ）が、ときにあえて、自分の周辺に「ざわめき」を見つけ、そこから離れ、〝沈黙に耳を澄ませる〟ことには、大切な意味があるのではないだろうか。

そして、それは自分の中にしっかりとある、大切な「宇宙という名の自然」に耳を澄ませることでもある。「沈黙」などというと、「男は黙って……」的な教訓めいた感じを受ける人もいる。しかし、よく考えてみると「言語」は、人類の発生後、かなり後天的に身につけたものだ。「言葉だけでは、抜け落ちていくものがたくさんある」。そういった常識的な認識は、どこかで僕たちををやさしく見守っている。

世界や人の「沈黙」に敏感であることで、温かくうごめく「新しい沈黙」がきっとあるはず、と僕は言葉を飲み込み、キラキラ輝く無音の暗闇を見つめていた。

そんな時、僕は再び人の死の報を受け、僧侶として供養を任されることになった。故人に新しい名前、仏弟子としての名前を考える中で「黙」という言葉が浮かんだ。しかし、しばらく考えて、それを「響」と置き換えた。音なき沈黙は響く。より高い声で。亡者の静かな目を見つめながら、そんなことを思っていた。

「すべての世間一般の人々は、〔我我〕を考えるが、しかしいまだ、**〔我〕の本当の意味を知ってはいない。**ただ大日如来《だいにちにょらい》だけが、**〔無我〕の中において〔大我〕を獲得**されている」

弘法大師 空海『吽字義《うんじぎ》』現代語訳

【一切世間は我我を計《け》すといへども、未《いま》だ実義を証せず。唯《ただ》し大日如来のみ有《いま》して、無我の中に於《お》いて大我を得たまへり】（漢文書き下し）

無我の中に沈んでこそ、大我を得る大日如来の姿（そして、その大我もまた空《くう》なり）。まさに僕の学んだ密教の根本の教えといえるだろう。この後には、「大日如来がその境地を得ているのだから、どんな小さな存在でも、得ることができるのだ」という意味の記述が続く。

この深々とした教えを自分の生活にたとえるのは畏《おそ》れ多いけれど、その頃、うじうじと考えている僕に、こんな言葉を投げかけてくれた人がいた。

「自分をはずしてごらん」

そして、それに声を合わせるように高野山の師は、繰り返し繰り返し、同じ言葉を伝えてくださった。

「〝オレがオレが〟では、なにも見えない」

ひるがえって、僕は自分の胸に手を当て、たしかにここにあるはずの〈私〉を、ただただ感じながら、沈黙していた。

密成訓

一、盛り上がった乳房への妄想は、破滅への門である。
一、気に触る言葉に、おずおずしない。
一、「沈黙」のもつ圧倒的な力を用いる。
一、ときに「ざわめきから離れる」方法を実行する。

我に入り我が入る

――我は一人の旅なれど――

第2話
結婚式に歌う坊さん

「仏教やお寺はメディアであり、インタラクティブなものだ！」

かつて、そんなことをよく言っていました。

心のどこかに、「新鮮な言葉で相手をびっくりさせたい」

そんな気持ちもありましたが、かえってそういう言葉が
自分にとっても新鮮味がなくなり、あまり言わなくなりました。

でも、その気持ちはじつはまったく変わっていません。
お寺で生活したり、仏教を勉強したりしていると、
それが「通り道」「媒介」としても機能するとよく感じますし、
今回紹介する「入我我入《にゅうががにゅう》」なんて思想は、まさに相互的なもの。

そうそう、それはそうと結婚したんです。
なかなか大変な、結婚式、披露宴でもありましたが、
なんだかグッときちゃったり……。

坊さん、結婚する

男女がつき合っていると、お互いの性格が似ているところや、違うところがおもしろかったり、不意にいらだったりする。それは、坊さんである僕にとってもそうだった。

僕は彼女に打ち明けておきたい自分の性格があった。それはわりと外面《そとづら》のいい性格から、勘違いされやすいのだが、「みんなで仲よく」という穏便《おんびん》な性格だけではないことだ。人といることは苦痛ではないし楽しいことも多いけれど、ひとりでいる時間も大切にしたい。つまり、「みんなで仲よく」だけだとイライラしてくるのだ。

「あのさ……」「うん？」

「じつは、僕ってあまり気づかないかもしれないけれど、ベターッと〝みんなで一緒に〟っていうのが、わりと好きじゃないとこがあって。たとえば文化祭とかも、まぁ、楽しい半分、きつい半分みたいな、そういう奴いるよね？　おれ、そういう奴だと思う」

「ああ、大丈夫やで。私、文化祭ずる休みしてたから。人は好きやけど、お祭りみたいな時に、みんなが浮き足立ってるのが嫌いやねん」

（そこまで過激派じゃないほうがいいかも）と心の中では感じていたが、僕にも彼女の知らない部分がかなりあるようだ。

でも尼僧の彼女（ちなみにお坊さんとしての名前、僧名《そうめい》は「法慧《ほうえ》」という）とつき合うようになり、僕は今までよりも「正直さ」のようなものに対して、すこし真剣になっていた気がする。それは、法慧さんが僕を「聞いてくれている。見てくれている」という確かな実感があったからだ。ふたりの時間を重ねるうちに僕は何度も、「彼女といると、ひとりでいる時よりも自分が自分らしくなれるな」と感じた。

法慧さんは、僕から見るととにかく他者に対するガードが低くて、その分、人を信頼しすぎて失敗することもわりとあり（たとえば居候《いそうろう》が居ついたり）、それを彼女自身は「危険センサーが鈍い」と表現していたが、僕から見ればそれは新鮮だった。しかし僕というちょっとややこしい性格をもった坊さんと「つき合ってもいいかな」と考える時点で、「危険センサーが鈍い」というのは、あながち外れてはいないだろう。

そして法慧さんに対する「正直さ」は、自分以外の他者に対する心持ちの変化にもつながっていた。そこには「出会う」という言葉に集約されるなにかがあると、自分では感じている。僕たちの心は、意識的にときに無意識に常に、なにかに「出会おう」としているように思うのだ。それは、自分の殻《から》に閉じ込もりやすい僕だって同じことだった。でも「あまり深く〝自分〟というものに固執しすぎると、誰にも出会えなくなる」。そんなことを感じていた。そして、「誰かに出会えない」ということは「自分にも出会えない」ということではないかと思いはじめていた。自己とは留まった動かない存在ではなく、揺れ動いているものだと僕は思うから。それはすこし、「他者」と似ている。

そしてこんな仏典の言葉を思い出した。

「ひとが何か或《あ》るものに依拠《いきょ》して**〝その他のものはつまらぬものである〟と見なすならば、それは実にこだわりである**、と〈真理に達した人々〉は語る。それ故《ゆえ》に修行者は、見たこと・学んだこと・思索したこと、または戒律や道徳にこだわってはならない」

『スッタニパータ』七九八

〝その他のものはつまらぬものである〟。まさに、今までの自分を見せつけられるような言葉だった。僕には、「おもしろいこと」や「おもしろい人」にすぐに夢中になるけれど、「大多数の他人にそこまで興味がない」という気質がある。それはただ単にそういう性格でもあるのだ

ろう。そして正直に言うと、そんな自分が嫌いではない（言ってしまった……）。そして、それは多くの人にとってもじつは、そうではないかと睨《にら》んでいる。

でも、今までよりもすこしだけ、そんな自分を客観的に見られたような気がして、それは悪くない気分だった。そしてちょっと生き方をシフトしてみたくなっていた。

弘法大師は言う。

「仏の教えを伝える聖者は、法身《ほっしん》の説法たる秘教（＊密教のこと：著者註）を知らないで顕教《けんぎょう》（＊密教以外の仏教：著者註）を伝えているのではない。まだなお時が至っていないことを知って、後人に譲っているのであり、理由があるのである。末流の者はこの真相が判《わか》っていない。**それぞれの自分の宗派の教えを正しいとしており、**四家《しけ》大乗の宗門人は**まだ知っていないとして非難する**」

弘法大師 空海『続遍照発揮性霊集補闕鈔《ほけつしょう》』巻第九 現代語訳

【伝法の聖者秘を知らずして顕を知らずして顕を伝ふるに非ず。知って相譲る、良《まこと》に以《ゆゑ》有り。末学此《こ》の趣を知らず。人人《ひとびと》自学を以て是とし、家家《いえいえ》未だ知らざるを以て非とす】

（漢文書き下し）

「自分の宗派の教えを正しいとしており」これはもちろん、仏教の宗派に対する言葉だけど、今を生きる僕という個人、そして僕たちの生きている社会や組織を見渡しても耳が痛い言葉だった。

「俺こそが正しい」とつばを飛ばすよりも、他者が内包する「正しさ」や「おもしろさ」を想像してワクワクする、そんな気持ちが自分の足りない部分だと思った。第一、そっちのほうが楽しいはず。

そして、そんなふうに他者の中にあるものに、耳を澄ませたり目をこらすことで、自分の中にも相手の中にも新しく動き出す何かがあるにちがいない。それはたぶん瞬間の勝負だ。

「女の子とつき合ってるとさ」。僕は、法慧さんに話しかける。

「うん？　もう女の子って年でもないけど、なになに？」

尼僧といえども彼女もひとりの女性、ちょっとロマンチックな会話を期待しているようだ。

「『スッタニパータ』とかを思い出すよね。〝それ故に修行者は見たことに、こだわってはならない〟」

「なんやねん！　それ」

そんな馬鹿な会話を交わしながらも、彼女がその他にも「刀剣を鑑賞すること」「武士道」を偏愛しているという、謎な発見などもあったりした。それに、僕はどちらかというと、「わかる言葉」でストレートに仏教を語ったり、アートやデザインなどの他分野と仏教が出会うことによって、化学変化のようなことが起こらないかと考えることが多かったが、法慧さんは会社に勤務していた時の「ビジネス経験」を、仏教の世界に活かせないかと動いていることが多いようだった。

彼女が密教学科の大学院を修了した後、そのまま高野山大学の職員として、もっと学生さんを集めたいと奔走《ほんそう》していた時、僕はその「ビジネス」という感覚に疑問を呈《てい》することがあった。しかしある日ふと、

「彼女が、〝ビジネス〟という言葉で表現していることは、〝きちんと人の役に立ち、それによって組織が成り立ち、続いていく〟という意味なのか!」と腑《ふ》に落ち納得した。しかしあらゆる書類をパソコンの表計算ソフト「エクセル」で制作するのは、少々閉口する。

「エクセルの画面見ただけで、腹立つねん」と僕が彼女の関西弁を真似して言うと、

「それって偏見やで。でもデザイナーさんと仕事すると、フォトショップとかイラストレーター(グラフィックソフト)ファイルで送ってくるの、困るよね。開けへんわ」と言ってのけた。

彼女も、「自分の立場から物事を見る」という意味では、修行が発展途上らしい。

そんなある日、彼女から相談があった。それは、彼女にとって、とてもやりがいのある仕事、組織からのオファーを受けているという話だった。場所は日本だがとても遠い。彼女の性格上、受けるのなら自分の結婚等ですぐに離職するのは好まないだろう。

「この話、受けても密成さんはいいかな?」

と唐突に聞かれた。

「これって〝私と結婚するかどうか、決めて〟ってことなんか? しかし、恋愛経験が少なすぎて、わからないんですけど!」

と正直なところ考えていたが、

「僕は、法慧さんがやりたいことがあるなら応援するよ」

と答えた。それも正直な言葉だった。僕はとにかく自分の意志によって人の自由を妨《さまた》げるのが、嫌いだった。自分で言うのも変だけど、性格は素直ではないが、それだけはなぜか信念としてある。

「そうかぁ。わかった」

前を見すえた彼女の横顔を見ながら、「人間にとって自由ってなんやろう。人を拘束して不自由になることが、本当にその人にとって不自由なんやろか……」とまた、ぼんやり考えていた。やはりずいぶん恋愛には不向きな性格らしい。

そんな時、彼女から不意にポストカードが届いた。その時、僕はお寺の新しいプロジェクトのことで、どうするかずいぶん悩んでいて、彼女に相談することが多かった。そこには、手書きの文字でこう書かれていた。

「新しい扉を開けるのが好きだ。　はい　いいえ」

すでに「はい」に赤字で丸が描かれている。そして宮沢賢治の言葉、

「われらに要るものは銀河を包む透明な意志　巨《おお》きな力と熱である」

と添えられていた。

「な、なんて、かっこいい坊さんなんだ」

僕はしばらくそのポストカードを眺めた。そして心に決める。彼女にプロポーズをしよう。彼女と仏教とお寺、坊さんの「未来」を生きてみたい。ちょうど近い日に四国に遊びに来てくれることになっていた。

しかし、「結婚しようよ」なんて、吉田拓郎以外が言ったことあるのだろうか。僕は結局、その言葉を発せないまま、法慧さんが四国を離れるバスを待つことになった。そして、バスが見えてきた時、意を決して伝える。

「結婚しよか」

駅前のひなびたバス停。彼女が帰りにバスの中で食べようと思って持っていた、今治《いまばり》名物「穴子弁当」が駅弁の袋の中で揺れる。後日、聞いた話によると「なんで、今やねん！」と全身で思ったらしい。「プロポーズはシチュエーションにこだわって」なんて話、僕はなんだか気恥ずかしいし、都市伝説だと思っていた。そしてほとんどの女の子はそう思っていると信じていた。しかし、そうではないらしい。

「うん。ありがとう」

そう言うと、彼女は足早にバスに乗り込む。ガラス越しに手を振りながら、ちょっと微笑んでなにかを言っている。でももう僕にはそれを聞き取ることができない。「ナ・ム・ア・ミ・ダ・ブ・ツ」。もしそう言ってたら、ちょっと興味深いが、そうではないだろう。その時、なんて言っていたかは、いまだにわからない。

法慧さんは、すぐに穴子弁当を広げて、泣きながら食べたらしい。お腹が減ると気が遠くなるのも彼女の身体的特徴だった。そしてその時、彼女が泣いていたのが、求婚された感動によるものなのか、それともあまりのシチュエーションのしょぼさに一世一代の夢が破れたからなのかは、もう知るよしもなかった。

三月二十一日、僕たちは弘法大師（空海）が高野山で入定《にゅうじょう》（禅定《ぜんじょう》、つまり宗教的な瞑想に入ること）された日を選んで入籍し、僕が住職を務める栄福寺が四国八十八ヶ所霊場の五七番札所《ふだしょ》であることにちなんで五月七日に本堂で仏前結婚式、地元のホテルで披露宴をおこなった。そこには、お坊さんたちに加えて、今までお世話になった人たちも駆けつけてくれた。

仏前結婚式は、多くの人にとってなじみが薄いものだと思うが、読経をしたり、焼香をしたり、結婚指輪の交換のように「数珠の交換」をおこなう。「お、お葬式みたい！」と思う人もいたようだが、祝いの席であっても、悲しみの場所であっても、まず香りによって仏を供養し、読経をすることは、僕たちにとっては自然なことだった。そして仏様やその土地の神様、戒《かい》を授けてくださるお坊さんの前で「誓詞《せいし》」という誓いの言葉を読み上げる。

誓詞

慎《つつし》み敬《うやま》って三世《さんぜ》常住《じょうじゅう》の諸仏《しょぶつ》、諸菩薩《しょぼさつ》、殊《こと》には栄福寺、御本尊阿弥陀如来《あみだにょらい》に誓《ちか》い奉《たてまつ》ります。

私達ふたりはここに、み仏の照覧《しょうらん》を仰ぎ、本尊、御宝前において、両家親族一同、友人の列席のもとに婚姻の儀をあげました。

この世界の中で、親愛なる伴侶として、出会い、慈《いつく》しみの想いをお互いに持つこと、有り難く思い感謝致します。仰ぎ願わくば、諸仏諸菩薩、我々ふたりを見守りくださいませ。

今日より私達は、楽しみを共にし、苦しみを分かち、若き日々も、老いたる後も、愛情を育み、生活するよう力を尽くします。

また、ただいま戒阿闍梨《あじゃり》の仏法、訓戒《くんかい》を授興《じゅこう》したまいましたうえは、四恩《しおん》十善を行い仏法に教えを請《こ》い、夫婦助け合って、真摯《しんし》な気持ちで仏教を学び、それを自分なりに伝えることで、栄福寺、法界を護持して参ります。

新郎　白川密成
新婦　法慧

自分たちの言葉を盛り込んだこの誓詞を読み上げながら、僕はふと自分が倒れた日のことを思い出す。一年ほど前に、気分が悪くなりぶっ倒れた僕は、病院に運ばれた。実際にはただの過呼吸のようなものだったが、脳出血かなにかと思い込んだ僕は、必死に合掌して、命の助けを本尊、阿弥陀如来に請うた。そんなことは初めてすることだった。

そして、「命をいただけたならば、ふつうの人が〝わかる言葉〟で仏教を伝えますので、なんとか命をください!」と仏教にはなじまない契約のような思いを本尊に送った。しかし、その「命をいただいた」後、「ああ、ただの過呼吸でよかった」と思っている情けない自分を発見した。

「情けないな」と思った。「僕の命はあの時、いただいた命だ。もっと、もっとやるべきことがある」。そう思った。

披露宴会場に場所を移すと、百人を超えるお坊さんたちが集まっている。受付をしてくれている四人の友だちも全員、法衣を着けたスキンヘッドの坊さんたちだ。考えてみると二十四歳で住職を拝命して十年、本当に周りの人たちには助けていただいた。

おおっぴらに僧侶が結婚をしはじめたのは、僧侶が結婚する日本においても、けっこう最近(明治から)になってということもあって(もっと昔から〝隠すは上人《しょうにん》、せぬは仏〟なんて言葉もあったりする)、いろいろな意味で〝突っ込みどころ満載〟という気もするけれど、

――「世俗的であっても、すぐれた正しい見解をもっているならば、その人は千の生涯を経――

ても、地獄に堕ちることがない」

『ウダーナヴァルガ』―感興のことば―第四章九

今日のようなお祝いの日は、こんな仏典の言葉からちょっぴり勇気をいただいて前を向こうと思う。披露宴では、仲のいい先輩僧侶による宗教音楽とＤＪのセッションなどもあり、はじめて着るタキシードに「動きがおじいちゃんみたいになってるよ」と声をかけられながらも、うれしい会になった。そして最後のフィナーレでは、再び法衣に身を包んだ。

「間違い」を減らす智慧

「結婚する」ということは、お互いにとって少なからず決断が必要になる。僕は普段、〝決断するということは、間違うことでもある〟とおおらかに考えるようにしている。しかし人生の大きな節目の中では、「できるかぎり間違いたくない」のは、言うまでもない。

むしろ「〝間違う〟というのはけっこう、怖いことだ」と痛感することもある。僕はわりとそういうふうに両面から考えることが好きだし、大事だと思っている。

「間違う」というのは、ある一面から考えると、わりと怖いことだ。それは、ときに「死」や、それに似たものを近づけることもある。宗教というものにも、本当に多様な側面があるけれど、いろいろな場面で「間違わないようにする智慧《ちえ》」という側面もあるように思う。もちろん一〇〇パーセント間違いをしないようにすることなんて不可能だけど、すこしでも「間違う」可能性を減らす、危険を遠ざける、しあわせや安らいだ気持ちを引き寄せる。そのようなものでもあるのかな、と感じる。

「一つの樹を伐《き》るのではなくて、（煩悩《ぼんのう》の）林を伐れ。危険は林から生じる。（煩悩の）林とその下生《したば》えとを切って、林（＝煩悩）から逃れた者となれ。修行僧らよ」

『ダンマパダ』—法句経—二八三

これは、修行僧の煩悩について書かれた言葉だが、現代を生きる「ふつうの」生活者でもある僕たちにとっても、重要なアドバイスとすることができる言葉のように思う。「危険は一本の樹からではなく、林から生じる」。この言葉から、今の生活の中でどんな意図をくみとるか。僕にはこのシンプルなひと言の中にも、「間違わないようにする」、多層的なヒントが封じ込められているように感じた。「樹ではなく、林を伐れ」。この〈現実〉が起こっている、もっと先の〈原因〉は何か。

「因果の法則は仏陀《ブッダ》がもたらしたと考えてはいけません。**因果の法則はむしろ自然法則**のひとつです」

ダライ・ラマ十四世『ダライ・ラマ瞑想入門ー至福への道ー』鈴木樹代子訳、春秋社

仏教の教えは、「ブッダの教え」でありながらも、ただ「自然」を正確に記述し、そこからあるパターンを見つけ、智慧を得ようとするものであると感じることがある。

直感を鍛えるゲーム

僕が修行をしている真言密教は、他の仏教と比べてもさまざまな側面があり、「象徴性」（文字や仏具などの「形」「音」でも、教えを表現する）、「総合性」（さまざまな思想や宗教、民間信仰の要素が散見される）、「体験の重視」などが特徴的な仏教だ。

その中でも、おそらく「体験の重視」という側面からよく語られる、密教の「直感」を重視する態度について考えることが、ここ数年よくあった。これは、ただの知識にとどまらない、自分が腹の底から正直に感じることを、積み上げていくことだと感じる。

それを、ぐっと日常生活のシーンに引き寄せて考えると、「その場、その時間」という急な場面でも、できるだけ「ベター」な、「致命的な間違いの少ない」判断や行動をするための感

性を鍛えることだと捉えている。

「でも、そんなことを、どうやって普段の生活の中で鍛えるんですか？」

そのとおりだ。なかなか難しい。でも僕がよく「遊び」のように繰り返してやっている方法が、日常生活の中での些細《ささい》なことを、渾身の力を込めて「当てよう」とすること。今、何時何分頃なのか、約束したあの人は、何時ぐらいに来るか、今日の午後は雨が降るだろうか、観ているの野球のピッチャーの次の球種はカーブだろうか。次々に「当てようとする」と、「意外と力を尽くしては、感じてなかったんだなぁ」と感じる（ずっと、そんなことをやると疲れるので、当たり前ですが）。僕はこれを「遊びの全身全霊」と呼び、生活のポイント、ポイントで遊びのようにやっている。

ここで言う「力を尽くす」ということに対しても、本当に力を尽くす場面は、たくさんあるし残っているのだなぁ、と痛感する。そしてまた「遊びの全身全霊」を持ち出し、小さく区切って、全身全霊で遊ぶ。たとえば、「運転」や「歯磨き」などでも、〈気づいてない余地〉を探したりしてみる。そんな時、本当に「力を尽くそう」とすると、肩をいからせて全身の力を入れるよりも、むしろ渾身の力でリラックスして「力を抜く」ことでしか、力を尽くせないことにすぐに気づく。

考えてみると、かなり馬鹿らしいことを、やっているような気もするのだけど、『華厳経』

に言う「一即一切・一切一即」（一の中に一切を含み、一切の中に一が遍満《へんまん》している）という考え方と照らし合わせてみても、細かい微細なことに「ふん」と、力を込めて、抜いて、感じようとすることは、僕たちがどこかサボってしまっていることなのかもしれない。

二次会で歌う坊さんたち

披露宴の後は「二次会」が催されることが多いが、僕たち夫婦はゲストが遠くから来ている方が多いこともあり、企画を辞退することにした。しかし、宴席で盛り上がったお坊さんたちが、僕たちに気を遣ってくれたのか、それとも飲み足らなかったからなのか、自然発生的な宴会が、ホテルの近くの居酒屋でおこなわれていた。ホテルの部屋で休んでいた僕にも呼び出しがかかり、顔を出すことになった。ほとんどカオスと化したその部屋に足を踏み入れると、九州のお坊さんと高知のお坊さんが壮絶な「飲み比べ」をしている。

そして、御詠歌《ごえいか》（仏教徒などが歌う和歌・和讃《わさん》にふしをつけたもの）を信者さんに教える指導者をしている大学時代の同級生が、不意に言う。

「ミッセイのために〝法悦歓喜《ほうえつかんぎ》〟をお唱えしよう！」

そう提案すると、そこに集まった多くの坊さんたちが突然、手拍子とともに御詠歌を唱えだし、だんだん大合唱となっていく。

「み親を知れるその日より　なぜか心はときめきて
仮の住家《すみか》の憂き世にも　悦《よろこ》びわくを覚えたり
我は一人の旅ならず　み親は常にましまして
闇路《やみじ》はるかに照らしつつ　行く手をとわに守り賜《たも》う
南無大師遍照尊　南無大師遍照尊　南無大師遍照尊」

狭い部屋に百戦錬磨の「ええ声」が鳴り響く。彼らが歌いはじめた時は、「おいおい、となりのお客さんもいるのに、坊さんたちが酔っ払って御詠歌かよ。勘弁して〜」と思っていたのだが、声を合わせて部屋に響かせ、朗々と自分のための祝福として歌ってくれるその声を聞いていると、体が底のほうから温まってくるのを感じた。

「ウィー・アー・ジャパニーズ・坊さん」

ずいぶん不完全でときに情けない僕たちかもしれないけれど、僕たちは僕たちなりに、「お坊さん」を追いかけてみたい。そして、それは今日、結婚したふたりの坊さん――僕と妻――にとっても、そうなのだと思う。

密成訓

一、「間違い」を減らすためには、樹よりも林を見る（「原因」を見つける）。
一、小さなことにも、ゲームのように全身全霊で向かう「遊び」をしてみる（「一即一切・一切一即」の精神で）。
一、普段、言葉で理解しているものを「体」で体験する。
一、「他者の正しさ」は、自分にもうれしいことである（〝自分〟の意見に固執しない）。

ありったけ

――賢者は一切の事物に対して敵対することがない――

第３話
出し惜しみ

「求む、お嫁さん。」
そんな広告を見たことがありますか？
僕ははじめて見ました。しかも「お坊さんの新聞」で……。

「ここで、全部出し切ってしまったら、もう残っていないかも」
そんなことをついつい考えることがあります。
でも、「ゼロになるぐらい、全部〝出し切る〟」ことが、
じつは次の動きに向けたエネルギーになるのかもしれない。

そんなことを、仏教の〈師弟関係〉から考えてみました。

尼僧である妻の師になる

どんな世界にも「業界紙」のようなものが存在するけれど、やはり〝お坊さん〟にも業界紙というか、お坊さんのための新聞のようなものがある。そこには一般の新聞と同じように、（お坊さんのための）求人が載っていることもあるのだけど、それを読んでいた妻が声をあげた。

「密成さん、見て。なんやねん、これ」

そこには、ゴシック体で大きく、

「求む、お嫁さん。詳細在社」

「求人欄に〝お嫁さん〟て。しかも〝詳細在社〟て」

と思わず、突っ込んでしまったが、後継者不足、お嫁さん不足は寺院の深刻な課題としてあがることが最近多く、本山がそのバックアップに組織的に乗り出すことも検討されていた。僕も独身だったら、お願いしたかもしれないと考えると、思わず合掌を禁じえない。

結婚して、しばらくたった頃、妻の師である僧侶（師僧《しそう》）からお手紙が届き、「師僧をご主人に変更しておいたほうがいい」というご提案をいただいた。

僧侶になるためには、必ず（少なくとも僕たちが属している宗派の場合）、「師」が必要になる。彼女の場合、大学院で最初についた先生が僧侶でもあり、その方に師僧をお願いしていた。お寺以外の家庭から僧侶になるためには、まずこの「師僧」を探せるかどうかが、低くはないハードルになるので、まさに恩人である。

多くの人は、「お寺で育っていない人は、どうやってお坊さんになるの？」と不思議に思うようなので、ここで妻の実例を書いておくと、①お坊さんに憧《あこが》れ、なりたいと思う。②親戚の法事にやって来たお坊さんにそのことを相談する。③高野山大学・大学院に社会人入学する。④師になってくださる僧侶と修行させていただくお寺を高野山で見つける。だいたいそのような流れだったようだ。僕たち夫婦はせっかくの縁なので、そのまま師僧を続けていただきたかったのだけど、慣習がそうらしく、強く勧めてくださった。

つまり僕が「妻の師」になるわけだ。なんだか変な気分だ。人生最初の弟子が妻。だからといって、おかずが一品増えたり、急に敬語になるわけではなく、いたってふつうの夫婦である。

「今日から、僕の弟子だね。よろしくね」

「うん。よろしくたのむで」

と言った後で、お互い可笑しくて笑ってしまった。

しかし人の師になることなんて、そうあることではないので、「師」というものについて、自分なりに考えることも少なくなかった。考えてみると、あらゆる仕事の中でも、些細な生活の場面でも、まったく対等な関係よりも、なにかを教えたり、逆に教えを受ける立場になることが、ほとんどだ。つまりほとんどの人間関係には、すこしずつ「師弟関係」のような成分があると気づいた。

ある仏教の流れ（チベット密教のゾクチェン）の「師」の言葉をふと頭に浮かべた。

「**弟子は、ただちに最高のレベルに入っていく機会を与えられる。**そして、その最高のレベルに必要な能力が欠けていた場合にだけ、もっと低いレベルに下りていく」

ナムカイ・ノルブ『虹と水晶―チベット密教の瞑想修行―』永沢哲訳、法藏館

僕自身が、まだまだ未熟な修行者ではあるので、法慧さんに対して、なにかを教えられるわけではないのだけど、ここに記されている「ただちに、すべてを」という心構えは、あらゆる〝師弟関係〟に通じるものではないかと思った。少なくとも自分はそういう方法をとりたい。

でも僕たちの師弟関係はときに逆転し、

「ミッセイさん、この部屋、片付けせえへんのやったら、私出ていくで」

とすごまれたり、地元の五穀豊穣《ごこくほうじょう》を祈る儀式の際に、あたふたしていると、

「まずゆっくり数珠をすって深呼吸して、法衣を整えて、ゆったりするとええわ」

とかなり的確なアドバイスを受けたりした。そんな時、妻が尼僧であることは、若干のやりづらさがありながらも、それ以上に「もうひとつの鏡」を手に入れたようで、ありがたかった。

空海の師弟関係

僕が住職を務める四国遍路の寺は、空海ゆかりの寺、八十八ヶ寺を巡る巡礼の地だ。その空海の「師」との出会いもまた不思議と言っていいほど印象的なものである。日本から留学生として唐《とう》に渡ったひとりの若い僧侶であった空海が、なぜ並みいる高弟の中で、代宗《だいそう》、特宗《とくそう》、順宗《じゅんそう》の三帝から信頼を受け、「三朝の国師」とも呼ばれた恵果和尚《けいかかしょう》から正統な密教の法を授けられ、その恵果の死に際しては、唐のみならず東アジア各地から集まった門下を代表して碑文まで書いたのだろうか。

そのことは多くの場合、「空海の宗教者としてのすさまじさ」として語られるけれど、僕は師としての恵果のスケールの大きさを感じるようになっていた。空海は、師と出会った場面で、

恵果が発した言葉をこのように記している。

「私は前からそなたがこの地に来られているのを知って、長いこと待っていました。今日会うことができて大変よろこばしいことです。本当によかった。私の寿命も尽きようとしているのに、法を授けて伝えさせる人がまだおりません。ただちに香花《こうげ》を支度して灌頂壇《かんじょうだん》に入るようにしなさい」

弘法大師 空海『請来目録《しょうらいもくろく》』現代語訳

【我、先より汝《なんじ》が来ることを知りて、相待つこと久し。今日相見ること大いに好《よ》し、大いに好し。報名竭《つ》きなんと欲するに付法に人なし。必ず須《すべから》く速かに香花を辦《べん》じて、灌頂壇に入るべし】

(漢文書き下し)

ここでもやはり登場するのが、「ただちに、すべてを」という師の心構えではないかと思う。そして自分を受け継ぐものと出会う嗅覚と、常識を華麗に飛び越える〝オープンマインド〟。僕には本当に仰ぎ見るような遠い遠い存在ではあるけれど、彼らのちっぽけな末弟であることを想像し、そのメッセージを受け止めたい。そして、血縁ではなくても魂が触れ合い交流することで、人間が「生きた」ということは引き継がれていくことを想像すると、「夫婦」や「師弟関係」ということ自体に思いを巡らせてしまった。

「敵を作らない」仏教のポジション

国際的にみると、仏教の僧侶は「結婚しない」ということが圧倒的なスタンダードなので、「僧侶が夫婦関係について考え、悩む」というのは、我ながらけっこうシュールな風景だ。

しかし現実に結婚生活を始めると、自分の性格のクセのようなものを発見することが多い。僕の場合、それは自分でも驚くほど「怒りっぽい」ことだった。ひとりでいる時には、そこまで感じなかったこの性格を正直、結婚生活の中で持て余している自分がいた。「えっ、お寺の生活で、腹が立つことなんてあるの？」と思われるかもしれないが、本当に些細なことで「怒って」しまう毎日の連続だった。恥をさらすようだが、たとえばこんな調子である。結婚して、僕が檀家参りに使ったり、妻が仕事で使ったりするコンパクトカーを買うことになった。

「どんな車にしようか？」

「私はイタリアとかフランスのコンパクトカーが、可愛くていいな。フィアット500とか」

「僕も好きだけど、外車はなぁ。近所の目もあるし。〝坊さんが外車〟っていう定番の突っ込みもめんどくさい。第一、ラテン系の車なんて買って、火葬場に向かう途中で止まったら、〝ぼ、坊さんが来ない〃ってなるよ」

「そんなん、気にせんでいいやん。きちんと働いているんやから。日本の車だって、止まる時は止まるし。ミッセイさん、気にしすぎやで」

「オレの立場もわかってくれよ。故障の件も、故障が起こる〃確率〃の話をしているんだ。僕の好きな三菱の車でいいじゃないか」

「三菱の関係者以外で、三菱の車乗ってる人、はじめて見たわ」

「嘘つけーーーっ」


とすぐにプンプン怒ってしまうのだ。これには自分自身でもまいってしまった。怒られるほうも気分が悪いだろうが、怒るほうも疲弊してしまう（関西のノリに慣れていないこともあるかもしれない）。

「見たり、学んだり、考えたりしたどんなことについてでも、**賢者は一切の事物に対して敵対することがない。かれは負担をはなれて解放される。**かれははからいをなすことなく、快感に耽《ふけ》ることなく、求めることもない。——師はこのように言われた」

『スッタニパータ』九一四

そんな時、胸に浮かび上がってきた仏典の言葉だ。僕は今までの生活や取り囲まれた情報の中で、知らず知らずさまざまなことに「敵対する」ポジションをとってしまう「癖」に取り憑《つ》かれてしまっているのではないだろうか。

そして論争になれば、自分は正しく相手は間違っていると主張する。それはひとつの思考停止なのかも、とふみとどまって考えてみた。人間にはそういう「癖」があるのかもしれない。

「もしも他人に非難されているが故に下劣なのであるというならば、諸々の教えのうちで優れたものは一つもないことになろう。**世人はみな自己の説を堅く主張して、他人の教えを劣ったものだと説いている**からである」

『スッタニパータ』九〇五

それは遠く釈尊（ブッダ）の時代から、そうであったようだ。しかし、それでは楽しくない。今、この時代において「坊さん」とは、仏教の知識を持っている人というよりも、「敵対することのない」「自説のみを説かない」という〝珍しい遊び〟をたしなむ人のようにも思えてきた。それは、人間の本能を考えると、永遠の少数派であり続けるだろう。しかし、仏教がめざした「道」のひとつは、そんな心の「楽」な場所でもあるにちがいない。

とはいっても、今も僕はプンプン怒り続けている。妻は、そこに関西弁をかぶせる。そんなことを情けなく繰り返しながらも、仏教の「道」をいつも振り返り、そこに目を閉じて、耳を澄ませる師弟であり、夫婦でありたいと思った。

密成訓

一、生活の中の「師弟（教える、教えられる）関係」で「出し惜しみ」をしない。
一、「敵とはなにか」「敵はいるか」「敵対しない方法はあるか」、じっくり考える。

Ⅱ

坊さん、仕事で悩む。

たいら

——あるがままの存在以外の何者でもない——

第4話

人間関係で意識する「フラット」であること

お坊さんである僕にとっても、
「人間関係」について考えることは多いです。

メールやインターネットなどコミュニケーションツールの発達、
地域コミュニティーの見直しなどをみても、
「人との交流」は大きなよろこびにもなります。
しかし、一転、なにかうまくいかなくなると、
それが、大きなストレスの種になることだってあります。
そんな時、僕が仏教をヒントによく思い浮かべたのが、
「たいら(フラット)」なイメージなんです。

新婚旅行で訪れた沖縄で「難聴の神様」の存在を知りました。
「ムンドー　ウクチェー　ナランドー」って、
いったいどんな意味だったのでしょうか?

坊さんの出張

「出張に行ってきました」と坊さんである僕が言うと、「えっ、坊さんにも出張があるんですか?」とよく聞かれる。今回、徳島に出かけたのは、高野山に住んでいた時に修めた修行である「四度加行《しどけぎょう》」という密教修行の詳しい内容をさらに伝えていただく、という目的であったため、「出張」と言うとなんだか、そぐわない気もする。けれど「仏教を勉強したり、修行したり、伝える」ということが、職業としての〝坊さん〟の「役割」であるとしたら、「出張」と言えるかもしれない。もちろん会議、定例会に出席したりする「出張らしい出張」もあるのだけど。

自分の住んでいる場所でない街を訪れて、けっこう興味深いのが「地方ニュース」を読んだり、観たりすることだ。今回も朝、ホテルで徳島の地元新聞を読んでいると、――美波《みなみ》の遍路道に監視カメラ設置――という、四国遍路寺院の住職である僕にとっても、つながりのある話題が載っていた。お遍路さんが巡拝で通る道である「遍路道」での大量のごみ不法投棄が問題となっており、赤外線センサーや録画システムで対策を講じる、というニュースだ。記事最後で地元実行委員の方が「カメラというより弘法大師に見られているという意識を持ってもらえば」というコメントを寄せているのは、なんだかすごい。一般紙にこのコメントを載せるのも、さすが弘法大師のお膝元、四国だ。

新婚旅行で仏壇を見学

「お坊さん夫婦」の僕たちも、沖縄に新婚旅行に行くことになった。

余裕があればじっくり読もうと思って、『弘法大師全集』を何冊かと仏典の『スッタニパータ』を宿泊先に送付して枕元にでーんと置いていると、会いに来てくれた沖縄に嫁いだ妻のお姉さんがそれを見て、「そうか……、密成さんは『聖書』って、わけにはいかないものね……」と、感心というか、納得していた。いや、旅行のたびに持っていくわけではないのだけど。そういえばホテルってよく『聖書』が置いてある。

沖縄行きの飛行機に乗った途端、なぜか僕は食欲がほとんどなくなり、逆につわりで食欲がなく体調も悪かった妻が突然、絶好調になった。そして僕の体調は、帰りの飛行機に乗った途端、ほぼ回復する。飛行機の中で「沖縄の神様に歓迎されていなかったのかな、四国の神様の鎮守《ちんじゅ》が及ばなかったのかな……」とぶつぶつ、つぶやいていると「じゃあドイツに行ったら、どうなるねん」と妻からばっさり言われた。ま、そのとおりだ。まさか、ディナーが「沖縄そば（小）半分」の新婚旅行になるとは、思いもしなかった。

しかし、食欲が一時回復したのを見計らって、地元料理の「ヤギ汁」や「アグー」を食べに連れて行ってもらったり、仏壇屋を個人的に訪問して「うわ、仏具の形が全然違うー」と息を飲んだりしながら（どんなハネムーンだ）、楽しい時間を過ごした。

沖縄は、独自のお墓や線香の形、民間信仰が現在でも残っており、お姉さんの家の台所でも「火の神」（ヒヌカン）を祀《まつ》るためのセットが置いてあった。現地で購入した沖縄の信仰に関する本によると、このヒヌカンは「難聴」の神様なので、その前で「文句を言ってはいけないよ」（ゴーグチ　ハーグチ　セーナランドー）や「問答を起こしてはいけない」（ムンドー　ウクチェー　ナランドー）とも言われていたらしい。そういうことをしていると、「ヒヌカンの神様の悪口を言っている」と誤解されるから、とのことで、どこか仏教のことを彷彿《ほうふつ》とさせる。この神様は、家族一人ひとりの行いを「御天の神」（ウティンヌカミ）に毎年、報告している。「難聴の神様」が「報告者」であることも、〝言葉による言い訳無用！〟という感じで興味深い（もっと深い意味があるのだろうけれど）。

こういった昔の信仰や風俗、神様が大事にされていると、皮膚感覚的に僕はワクワクして、うれしくなった。考えてみると僕は自分の仕事の中でも、こういったものに囲まれて「坊さん」をしている。そのことは「わがごと」になると当たり前になってしまい、その「うれしさ」がクリアに見えなくなってしまうこともあるのだけど、もう一度、その「うれしさ」「気持ちよさ」を見つめてみたいと思った。

「沖縄に行ったら、どこに行ってみたい?」と何度も訪れている妻に聞かれ、僕は思わず自分の関心もあって「聖地のような場所に行ってみたい」と答えた。すると、

「ここでは、そういう場所には、子どもはあまり行かないようにする。自分は妊婦なのでやめておくので、待ってるから行っておいで」

とのことだった。こういった常識的な「畏《おそ》れの心」もまた自分たちが思い出してもいいようにも思う。うーん、学ぶことの多い新婚旅行であった。

人間関係のヒント

結婚をすると、単純に「人といる時間」が圧倒的に長くなった。そこで僕は、おそらく多くの人が考えることの多い「人間関係の気持ちのいい場所」について、この時期、繰り返し考えていた。

職場やプライベートでの「さまざまな悩み」や「心に引っかかること」「うまくやっていき

たいこと」の中で「人間関係」の占める割合は、けっして少なくない、と想像する。

僕自身、そういったことで思わず立ち止まって考えたり、困ったりすることも少なくないのだけど、正直「これ」という「都合のいい解決法」というのを、見出すのは難しいことだと思うし、僕自身「人づき合い」が、いいほうでも、得意なほうでもけっしてない。

心の中に残っているアイデアとして、人間関係を結ぶ相手がとてつもなく大きな存在である場合は、「その人の子ども時代を思い浮かべる」という言葉や、多くの人が集まっている場所では「自分を一番低い場所に置いて接する」といった言葉をよく思い出す。ヒントのある言葉だと感じるけれど、情けない僕のような人間は、どうしても忘れがちだ……。

たぶんそんなふうに「人間関係」のことを考えすぎることは、「仏教的」とは言えないかもしれないけれど(言えないだろう)、実際問題として生活者として生活を送っていると、頻繁に浮かび上がってくるトピックだ。

空海のコミュニケーション術

また、弘法大師も、残された多くの手紙などから、「人間関係」に細やかな神経を行き届かせる人であったと思う。弘法大師の手紙の文章から僕が感じるには、「〝丁寧に柔らかく〟、だけど自分の思いを〝はっきり〟伝える」という特徴があると思った。期間を区切った修行中なので（位の高い人に）会いに行けないとか、向いていない仕事が多くなるので僧侶の位を辞退したいとか、けっこう「言いにくい」ことを言っているのにもかかわらず、人間関係は円滑に進んでいる。それは、言いにくいことを言っているけれど、本当に力を尽くして言葉を尽くして「丁寧に柔らかく言っている」ということも理由だと思った。

合理的なことや結論が重視される風潮の中で、「丁寧に柔らかく、そしてはっきり」なんて、くだらなく感じることもあるかもしれないけれど、「同じ結論」を「丁寧に柔らかく」なるように力と智慧《ちえ》を尽くして伝えることは、僕自身、もう一度、確認して実行したいことだ。

基礎となる〝フラット〟な関係

そして、その「人間関係」の土台として僕が今、心がけたいと思っている定点は「たいら（フラット）」な関係を基礎とすること。プライベートであっても、仕事であっても、多くの人間関係には「上下」が存在すると思う。それは、好むと好まざるとにかかわらず存在するものだし、あったほうがいい時もあるので否定するわけではない。

しかし、その関係を「ひとつ」だけでなく「ふたつ」で運用したほうがいいように思うのだ。

つまり、「便宜上、実務上、場面によっては私たちの関係には上下はあるけれど、本質的な存在として、真っ平らの位置関係にある」、そのことを、常に確認するということだ。
仏教においても、僕の学んでいる「密教」においても、その圧倒的な「平等感、フラット感」は繰り返しさまざまな面で語られている。それは一見、対極的である「仏」と「修行者」の関係でさえそうである。

「生きとし生けるものも、本来的にめざめている真実の体を有しており、**仏と平等であるという**点からいえば、この身とこの国土は、あるがままの存在以外の何者でもない」

弘法大師 空海『声字実相義《しょうじじっそうぎ》』現代語訳

【衆生《しゅじょう》にまた本覚法身《ほんがくほっしん》あり、仏と平等なり。この身この土は法然《ほうねん》の有《う》なりのみ】

（漢文書き下し）

思わず緊張してしまうような「えらい人」も、逆に、思わず「下」の立場に見てしまう立場や状況の人も、またふつうはそんなことさえ考えない動物や自然も、社会的な関係をはずし〝存在〟から見れば、その両者が根源的には「たいら（フラット）」な存在でもあることを、繰

り返し見つめる。その「対等さ」を想像する。本当に愚直な方法だけど、その認識から始まる「もっと気持ちのいい関係」「不毛なストレスの少ない関係」もあるように僕は感じたし、至らない自分自身もすこしでもチャレンジできれば、と思っている。

対極的なことが両方起こっている

このような「たいらでありながら、たいらでない時もある（逆もしかり）」のような認識方法は、仏教的な思考方法やアイデアを生活の中に交えていくために、大切な方法になってくる。たとえば、仏教（と言っても、さまざまなタイプの仏教があるけれど）の中でも考え方の大きな特徴とも言える「無我」（我の存在を否定すること）や「空《くう》」という考え方にしても、すぐにすんなりと確信をもって心に収められる人は、ごくわずかだと思う。

しかし、「我、という存在が〝ある〟という言い方、思考もできるのだけど、違う見方からすれば〝見つけることができない〟という視点も可能だよな、たしかに」という認識であれば、多くの人が納得できることではないだろうか。そのような「両義性」「途中段階」を自ら認めるような方法も、仏教の叡智《えいち》をヒントとして用いるために有効だ。

日々の生活の中で、あからさまに上からモノを言われたり言ってしまいそうになる時に、ふと思い出すように、存在としての「たいら（フラット）」な感覚を思い浮かべること、そのことを僕はチャレンジし提案しようと思う。そこから表現されてくる態度や言葉、雰囲気には、今までとはすこし質感の異なることを思い浮かべる。

「たいら」を意識して生きるということは、ときに居心地のいい〝自分という場所〟から、相手のところに駆け下りていくことでもあるだろう。逆に、とても大きな存在に対しても、並行した視野を持つ。そこには、いくらかの勇気と好奇心が必要だ。

仏教はフラットも越えてゆく

そんなことをなんとなく考えていた沖縄で、こんな仏典の言葉に触れた。

> 『『等しい』とか『すぐれている』とか、あるいは『劣っている』とか考える人、――かれはその思いによって論争するであろう。しかしそれらの三種に関して動揺しない人、――かれには『等しい』とか、『すぐれている』とか、（あるいは『劣っている』とか）いう思いは存在しない」
>
> 『スッタニパータ』八四二

「やはり、仏典の言葉はすごいな」と痛感した言葉だ。〝上下なく、フラットで「等しい」〟。そんなことを思い浮かべることと自体が、すでに「上下」の概念によって考えてしまっている。もっと「丸ごと」越えていかなければならない、そんなことを突きつけられるような思想だ。

しかし、僕が「たいら」という言葉から直感的に伝えたくなったのは、同時にこの仏典が想起するような内容でもある。

すぐには深い理解ができないにしても、心のどこかに置いておきたい言葉になった。〝「等しい」とも「すぐれている」とも「劣っている」とも考えない〟。

「優劣」も、「等しさ」さえも消し去った世界。それが「仏の教えの場所」だ。

うまくなる

結婚生活を送っていると、今まで以上に「ああ、人間的にちょっとは成長しないとな……」と痛感する。正直に言うと、僕は今まで「成長」という言葉をけっこう、意識的に疑っていた。「人間ってそんなに単純なものじゃない……」、そういう感覚を、どこか「逃げ道」のように使っていたのだろう。

「成長」という言葉をさらに身近な言葉に言い換えると、それは「うまくなる」ということなのかな、と思った。「うまくなる」ことって馬鹿にできないよな、と感じるのだ。僕自身、本当に平凡な人間なので、「楽しいといいな」とよく考える。そして、「どんな時が楽しいだろう」とあらためて考えると「今までよりも上手にできることって、楽しいな」と思うのだ。だから、あまり深く考えてこなかった「うまくなる」ということを、もっと意識しはじめていた。

「うまくなる」というと、スポーツや実務的なことを思い浮かべるけれど、たとえばそれが「仏教」の話だとしても、「うまくなる」という要素はいくつもあるはずだ。「自分のためにならない過度な欲望から離れるのが〝うまくなる〟」「他人を利すること、自分を利することが〝うまくなる〟」などなど。たとえばこのような経典は「言葉」を「うまく」使うヒントにできる。

「だれに対しても**荒々しいことばを言うな**。言われた人々はその人に**言い返すであろう。怒りを含んだことばは苦痛である**。報復が（その人の）身に迫る」

『ウダーナヴァルガ』──感興のことば──第二六章三

仏教の智慧の中には、「なにをうまくなるのか？」という問いに対するヒントが満載されている。

僕の生活の中にも「うまく」なることで、もっと「楽しみが深まる」ことが、いくつもあると思う。「早起きがうまくなる」「正直に話すことがうまくなる」「亀を飼うことがうまくなる」「傷つけないのがうまくなる」。

すこしでもなにかを「うまくなる」ことを思い浮かべ、そこに「楽しみ」のヒントがあると想像し、いたずらっ子のようなワクワクする気持ちでいることは、少なくとも「うまくない」ことを気にしたり、あきらめたりすることよりも、いい気分だなと思った。そして「うまくなる」ということは、仏の教えを、リラックスした生活のヒントにするための、キーワードのひとつになる。

さぁ、なにを、すこしだけでも「うまく」なりましょうか？

密成訓

一、「神様」が難聴であったとしたら、あなたの「行動」しか見ていません。
一、人間関係に悩んだら、一度、徹底的な「たいら（フラット）」な立場から見てみる。
一、仏の教えは、「等しい」とも「すぐれている」とも「劣っている」とも考えない。
一、あなたが「うまく」なるべきことは、なにかある。

「対立」という設定

――さあ、私は食物であるミルクをとろう――

第５話

中道の机

「どちらを選ぶかが大事」
ということは、よく言われることです。
そして、生活の中やメディアの中で語られる言葉や議論は、
〝どちらか〟に正解があって、もう一方は「間違い」……。
ほとんどがそういう前提のようです。
「間違い」の側は、ピュアな〝悪者〟となり、
傍観者である「私たち」はまるで、
それとは対極的な「善良な人」であると感じる……。

この感覚を僕は、ちょっと「危ないな」と思います。
しかし油断すると、
自分自身がそういう思考におちいってしまっています。
「仏教のアイデア」になにかヒントはないかな？
あっ、そういえば「中道《ちゅうどう》」という教えがありましたよね〜。

坊さんの仕事

栄福寺では今まで、たくさんの「お寺のオリジナルグッズ」を作ってきた。仏教の思想からヒントを得た「慈悲と空性」Tシャツ、「生きとし生けるもの」と「祈り」をテーマにしたトートバッグ、七種類の木を用いて「〈違う存在〉がひとつの円を描く」ことを表現した〝曼荼《まんだ》羅《ら》数珠〟などだ。

また作品をはじめて見た時に、「これは絶対にお寺になければ、おかしい！」と感動した彫刻家、三沢厚彦さんの熊の木彫りを所蔵している。

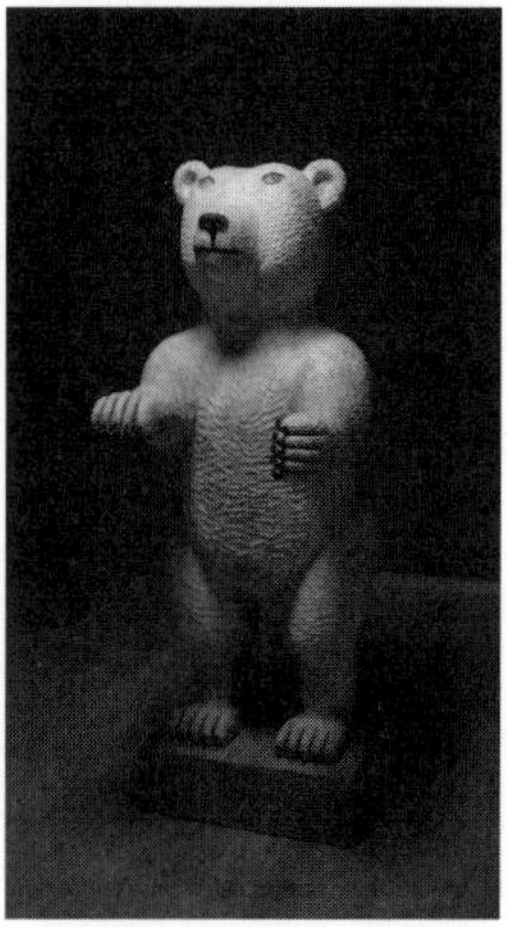

栄福寺で新しい建物をつくりたいと思っている。僕と法慧さんが新しく生活する場所に加え、なにか新しい要素を加えてみたくなったのだ。

住職家族の住まいと人々が集まる「庫裏客殿《くりきやくでん》」の全新築も構想したけれど、資金が足りない。銀行からお金を借りればできなくはないが、お寺は千年以上続いているのだ。火災や地震が起これば、早急に復興する必要がある。働いている人にも当然、給料も払わなければならない。ある程度の資金を持っておくのは、絶対に必要だと判断した。またそれ以上に、三十五年前に今の庫裏を建てた時に寄付してくださった人たちは、まだまだ健在。その人たちの顔も浮かんだ。

そして、おこがましい言い方になることを自覚したうえで正直に言うと、栄福寺がすべての資金を投入して「場所」をつくることよりも、そこに住む僧侶たちが明確な「意思表明」をしながら、自由闊達《かったつ》に行動する。そのことのほうがずっと大切だと感じた。「意思表明」とはなにか？「自分たちが仏教をこの時代にやってみる。それを提案する」という表明だ。そのことを表現する建物にしたい。

まず、なにはともあれ名前を決めることにした。最初に思い浮かべたのは「考仏堂《こうぶつどう》」。仏教を考える場所。これはすこし頭でっかちな気がした。次に思いついたのが、「演仏堂《えんぶつどう》」。まるでバンドが演奏するように「仏教を演奏しよう。今夜！」と呼びかける。そんなへたなコピーが僕の頭を駆け巡った。

一階に大きなテーブルを置き、そこでスタッフが仕事をしたり、仏教を伝えるためにミーティングをしたり、ときにはいろんな人たちが集まる場面を想像した。そして見るからに、「仏教からフレッシュな風が吹いている」。そんなイメージの存在がいい。

今回のプロジェクトでは、その「演仏堂」に加え、古い建物の改修や、お遍路さんが訪れる納経所の新築をする予定だ。それに伴って檀家さんへの説明や、行政への手続き、設計案の打ち合わせ、使う建材や参考となる建物の見学など、忙しい日々になってきた。

お寺という〝小さなもの〟

「坊さん」だけでなく、僕たちの暮らしの中で、「お寺」という存在のことをじっくり考えることが多くなっていた。

僕が住んでいるのは愛媛県今治市の農村地域。車を十五分ぐらい走らせて中心街に行くと、今でも小さな専門店がポツリポツリと並ぶ場所がある。用があって、そのあたりを訪れたついでに、かまぼこ屋で買ったまだ温かいジャコ天を頬ばり、お肉屋ご自慢の焼き豚を切ってもらい、八百屋のお婆さん特製の「柚《ゆず》の甘露煮《かんろに》」を大きなそろばんでお勘定してもらっていると、得も言われぬうれしい気分になる。

でも、そこで働いているほとんどの人がけっこうな年齢の方々だ。周辺は典型的なシャッター街。「十年後には、この場所はどうなっているんだろう?」、そんなことを考えているとさみしい気持ちにもなるけれど、今日はとりあえず寺に帰り、お茶を飲みながら甘露煮を堪能《たんのう》することにした。

「小さな商店、小さな町工場も、家族労働が中心です。そういうものはなくならないだろうし、そういう〝小さいもの〟も、やっぱり世の中には必要なんです」

橋本治『ぼくらのSEX』、集英社文庫

日本のお寺もある時期から「家族」の小さな単位で働くことが多くなってきた。それは、日本の仏教の恥部や弱みのように語られることも多いのだけど(仏教は出家《しゅっけ》者が戒律を守り家族から離れて生活することが、多くの場合前提になっているため)、「小さなサイズの共同体」というのは今、そういう存在が減少していく中で、僕たちが考える以上の可能性があるのかもしれない。「合理的な意味、経済的な意味では、うまく〝計測〟することのできない、小さな共同体」。現代の中での「お寺」の存在意義は、そんな中にもある。〝出家〟の意味を家族の中で象徴的

に考えていく、そのようなことも必要だろう。

僕は「出家」をしない日本のお坊さんのスタイルが「すばらしい」と言いたいのではない。これから、日本仏教の中で（かつてあったように）戒律復興運動が起こり、厳密に仏教を修行していこうという流れが起こったとしたら、それは「あり」だと思う。しかし同時に家族の中で、あるいは俗の中でも「仏教の智慧にフルタイム（あるいはパートタイムでも）の仕事を通して触れてみたい」という「坊さん」がいても、それも「いいこと」のように感じる。宗教、お寺の話を超えても、「小さなもの」「皮膚感覚にとってリアルなもの」の大事さ、貴重さ、おもしろさはこれからの時代に増していくにちがいない。

でも、もちろん僕を含めた「現代の日本の」お坊さんが、時代の「宗教離れ」を〝誰かのせい〟（たとえばお坊さん以外の人たちのせい）にして語ることは、ちょっと変だなと感じることが多い。そこには時代的背景を含めた、たくさんの複合的な要因があるにしても、ある意味でそれは僕たちの「身から出たサビ」であるという現状認識は、「これから」を考えるうえで必要だと思う（自分に向けて言っています）。

それはそうと先ほど引用した『ぼくらのＳＥＸ』は、なかなか坊さんが引用しづらいタイトルであることも否《いな》めないけれど、他にもしびれる言葉がある。

「〃社会〃というものは、〃変えるべきだ〃と思ったら、そう思った人間がまず率先《そっせん》して変えていくべきものだし、〃他人〃と〃自分〃との関係だって、お互いに影響し合うもの。そうそうかんたんに、〃社会が悪い〃〃他人が悪い〃なんてことは、言わないほうがいいでしょう。あなただって、十分に〃悪い〃のかもしれないのだから」

『ぼくらのSEX』

ああ、本当にそうだ。お寺もそうだし、僕もそうだ。この「当事者意識」のようなものが、あらゆることに有効であるように思う。久しぶりに本棚から取り出した本だったけれど、じっくり再読してみよう。でも寺の寺務所で、お坊さんがこのタイトルの本を読んでいたら、巡拝に来られるお遍路さんはちょっと怖いかもしれない。こっそり読むことにしよう。

新しいクスノキの机

「演仏堂」プロジェクト、一連の設計は建築家の白川在《ざい》さん（白川在建築設計事務所）に依頼することにした。国際的な舞台で活躍する建築家、伊東豊雄さんの事務所に勤務した後、独立。アルミ会社の守衛所「蒲原アルミゲートハウス」「E・iGHT M・iLL・iON 銀座GATE

S店」「霧の吹く住宅」などさまざまな作品がある。

建築事務所との仕事のスタートとして、「演仏堂」という後ろに控えた大きな事業の前に、「応接間の机」を新調してみることになった。僕は木が大好きで、国内産のさまざまな種類（ヒノキ、クスノキ、ケヤキ、クリ……）の無垢《むく》材、一枚板を大量に置いている店が近所にあるので、それを使って何かできないか考えていた。しかもどこかにアイデアが入ったワクワクする机をつくりたい。

すると設計側から出てきたアイデアはいくつかあり、その中のひとつはとてもシンプルなアイデアだった。応接間によく使われるような背の低いローテーブルは、部屋の中で圧迫感が少ないという利点はあるけれど、打ち合わせで文字を書いたりするには、意外と不便なこともある。そして、机の下に足を入れることができないので、お互いにちょっと遠い距離ができる（これは利点でもあるのだけど）。だからといって、一般的なダイニングテーブルのような高さを応接間に持ってくると、ちょっと存在感がありすぎる……。そこで考え出されたのが、一般的なダイニングテーブルとローテーブルの間にある高さが、「お寺の応接間の机」にちょうどいいのではないだろうか？　という提案だった。

その他にも、机の天板をカットした時に出る廃材になるような小さな木の切れ端を積み重ねて、「脚」を作ることで、一枚板をくり抜いたようなイメージの机はできないか？（捨てる材も少なくてすむ)、微妙に脚を内側に向けることで「人間の足がつまずきにくい」、結果的にデザイン的にすこし動きのある机ができないか？　など次々と出てくるアイデアに「なるほどー」とワクワクした。

そして「やってみようよ！」ということになり、再び「この机になにかいい名前がないかな」という話になった。僕がそこで思いついたのは、仏教思想の「中道」という言葉だった。

「〝中道の机〟なんてどうだろう？」

「中道」という大きなコンセプト

ここで出てきた中道というコンセプトは、今回の「演仏堂」プロジェクト自体、あるいは僕たち栄福寺のこれからの仕事や、チームの「生き方」全体を指し示すものになりそうな予感がした。今、僕たちの生活や社会に溢《あふ》れているさまざまな動きや問題を見つめてみると、この「中道」という捉え方には、とても大きなヒントがあるように感じたのだ。

「中道」とは、ふたつの対極的で極端な立場（有と無、常と断など）、どちらからも離れた自由な立場をとり、実践すること。「中」とはいわゆる中間ではなく、二者択一的な設定自体から解放されることだが、身近に遭遇するさまざまな問題に対しても、「当たり前に、両方大事でしょ」「どっちかって話じゃないでしょ」と思わず感想が漏れることが、最近僕自身、とても多い。そして、対立しているかのように見えるトピックも、まずは「対立」という既成概念をはずすことで、「ふたつの対立」から離れた「中道」的な実践をできることもあるのかな、と感じる。そしてそれを提案し実践すること、これが「僕という坊さんの仕事」であり、栄福寺の重要な役割になると直感した。

「個人」と「共同体」、「開いた組織」と「こもった状態での内なる問いかけ」、「伝統の継承」と「ワクワクする新しい発見」、「商品性」と「社会にとって意味のある作品性」、「自分」と「他人」。思いつくままに、いろいろな対立軸をあげていっても、

「ねぇ、その両方が当たり前に大切だと思うんです。なにかいい方法はないかな」

そういう思いや発言、行動が、僕たち個人や社会をより「居心地のいい」方向へ引っ張ってくれるような予感がするし、正論のように思えて、意外にこの視点があまりに足らないことが、すごく多いように思う。

僕は生活をしたり、仕事をしたりする中で「何かを選択することの大事さ」について感じることが多い。しかし、同時に、この世界の中では「選ぶ必要のないもの」「そもそも分けることができないもの」がじつに豊かに転がっている。そんな印象を持つのだ。

もしあなたが、仕事での話し合いの場所や友人との会話で、「どう考えても、両方大切にし

なきゃ」「その対立するふたつの設定自体がおかしいんじゃない?」と感じるならば、「仏教に〝中道〟という思想がある」ということにアイデアをもらって、その「ふたつの対立から離れる」コンセプトを誰かに伝えてみたり、行動として表現してみたりすることを、僕はとてもいい方法だと感じる。

「師は答えた、マーガンディヤよ。『**教義によって、学問によって、知識によって、戒律や道徳によって清らかになることができる**』とは、**わたくしは説かない。『教義がなくても、学問がなくても、知識がなくても、戒律や道徳を守らないでも、清らかになることができる』、とも説かない。**それらを捨て去って、固執することなく、こだわることなく、平安であって、迷いの生存を願ってはならぬ(これが内心の平安である)。」

『スッタニパータ』八三九

ブッダも、謎かけのようでありながらもシンプルなこの言葉の中に、その「単純な二者択一」から離れよ、と声をかけてくださっているかのようだ。耳が痛い人も多いのではないだろうか? 僕は痛かった。そして信仰はなにかを譲らず固執するように考えられることも多いけれど、そうではないとブッダは言う。そして、そこに〝内心の平安〟、とても大きなリラック

スのヒントがあると伝えるのだ。

「中観の真理に心をとぎすまされ、**すべてを否定する虚の心に安住されず**、余暇には異教の教えにも目を通され、八つの迷いを去った**中道に迫る鋭い心の剣を持たれていた**」

弘法大師 空海『遍照発揮性霊集』巻第七 現代語訳

【中観心を瑩《みが》いて、百非心虚に住《とど》まらず。外書《げしょ》間に閲《み》て、八不常《はっぷ》に念剣に繋《か》けたり】

（漢文書き下し）

「中道」を漠然とイメージすると、どっちつかずの「ゆるい」おだやかな思想のようにも感じることがあるけれど、弘法大師にとってその教えは「鋭い剣」のようなラディカルで鋭利な教えだった。仏教の師、ふたりがこの言葉にかけた想いに耳を澄ませてみたい。すべてを否定して一方につくことは、もしかしたらたやすいのかもしれない。その逆に完全に迎合《げいごう》することも。仏の教えは、そのどちらにもつかず、たゆたいながら、たたずんでいる。僕はその「立ち位置」が素敵だと思う。

ミルクを飲むブッダ

釈尊の生涯は、史実にかなり近いものと考えられるものに、神話的な伝説を豊潤に織り交ぜて、現代に語り継がれている。その中でもずっと僕が「ブッダの風景」として好きなシーンは、釈尊が晩年、弟子アーナンダによる最後の説法の願いにより発したとされる、

「この世界は美しいものだし、人間のいのちは甘美なものだ」

と口にする場面だ。

しかしそれに並んで、極端な苦行主義とも快楽主義とも一線を画する象徴として仏典に語られる、苦行をやめて乳粥《ちちがゆ》を口にして力を得るシーンもまたとても美しいと思う。

「このように極度にやせた身体では、かの安楽はえ難い。**さあ、私は食物である乳糜《にゅうび》をとろう**」（略）「**そこで私は実質的な食物をとって**、力をえて、もろもろの欲望を離れ、

不善なる事がらを離れ、粗なる思慮あり、微細な思慮あり、遠離から生じた喜楽である初禅を成就していた」
『大サッチャカ経』

このミルクを口にする釈尊の姿が、（伝説であったとしても）僕は本当に好きだ。そしてその時、彼の心身を走り抜けた思想のイメージに大切な示唆《しさ》を受けたいと願っている。

両極端のどちらにも加担しない「中道」の思想。その方法として〝両方を混ぜこもうとする〟僕の思い。その「ふたつ」の設定から離れよ、と声をかける仏の教え。実践は口にするほど簡単ではないけれど、僕たちの生活と社会にとってのヒントが含まれている。みなさんが自分なりの言葉や、やり方で考えてみると、このシンプルな教えはきっとさらに大切なものになるはずだ。

そんなことを考える中で、栄福寺「演仏堂プロジェクト」が動きはじめた。僕は〈エモーショナルな動き〉のようなものを、お寺の中に置いてみたいのだ。

密成訓

一、「小さなもの」だからできることがある。

一、当たり前にあると思う「対立」という概念をはずす。

一、極端な修行をやめミルクを飲んだブッダの姿をイメージしよう。

III

坊さん、寺をつくる。

そのまま

――覆われたものに、雨が降り注ぐ――

第６話

見えるところに置いて、トレースする

「〝仏教のさとり〟って、どんなことを言うのですか？」

そんなディープな質問は、幸か不幸かされたことがありません。

でも、せっかくですから、聞いてください。

それには、いろいろな種類や表現の仕方があるでしょうし、

「そもそも言葉では表現できないもの！」

という言い方もあるでしょう。

でも、最初にちょっと種明かしになりますが、ある経典に、

「さとりというのは、現実のままの、自分の心を知ることだ」

という言葉があって、僕はその言葉が好きなんです。

そして、これは、僕たちが生活を送ったり仕事をしたりする
うえでも、大切なヒントになるかも、って思うんです。

たとえば、僕はそれを、

「文章を書く」アイデアとしても使っているんですよ。

猛暑にてお寺に自動販売機を設置

最近、歩いて四国を巡拝する「歩き遍路」のお遍路さんが、増えているように感じる。若い人だけでなく、ときにはすごく高齢の方が歩いているのを目にすることも多い。近年の夏は、外を歩くには「暑いというより、危ないな」と感じる日もあるので、栄福寺でもついに(?)、自動販売機を設置することにした。景観を考えると、はっきり言うとないほうが気持ちいいのだけど、歩き遍路さんにとってはまさに「命の水」、難しいところではある。

メーカーは、某お茶製品が定番のところがなんとなく「お寺っぽい」と思ったので、安易な気分で選択したのだけど、自動販売機の外観のデザインがお寺に合うか心配だった。「機械の色って、塗れないですよね?」と聞いてみると、「ああ、カッティングシートを貼ることで対応できますよ。他の四国札所のお寺さんでは、〝木目〟のシートを貼ったこともありましたね」「へ〜。じゃあ、たとえば寺紋《じもん》(お寺の家紋のようなもの)入りとかでも、できるんですか?」「ええ、できますよ!」「そうなんですか。それから自動販売機内部の商品ポスターって、〝ようこそ、お遍路さん。住職より〟とかって、変えてもいいんですか?」「ええアリです」というやり取りがあった。けっこう、いろいろできるんだな。今は、仮置きでふつうの自動販売機を置いているけれど、ちょっと考えてみたいと思う。

他にもコーヒー以外のホット飲料を「コーンスープにするか、おしるこにするか」も悩ましい。あと「ほうじ茶なのか、特濃緑茶なのか」などと考え出したら、それもけっこう、難しい。「ほかに仕事はないのか！　濁世《じょくせ》を憂《うれ》いたりしないのか！」という声もかかりそうだけど、ナタデココヨーグルトとバナナミルクって、どっちもうまい。人生って難しいなぁ（しつこい）。

子どもたちと話し考えた「大人であること」

自動販売機の設置に真剣に頭を悩ませるぐらいだから、「お寺の仕事」も本当に多岐にわたるのだけど、たまに小学生が、写生大会や課外授業で栄福寺に来てくれることがあり、やはりそういう時はなんだかうれしい。お寺で「職業体験」をさせてほしい、という中学校からの依頼も何度かあったのだけど、なにをしてもらったらいいか、思いつかなかったので、それは実現しなかった（座禅？）。

今日も母校の小学校の児童たちが、「まち探検」という授業で栄福寺を訪れた。お寺という場所、坊さんという役割では、ときに知らず知らずのうちに「建て前」で話すことも少なくないのか、思ったことをそのまま話す子どもたちとのやり取りは、なんだか自然に触れているようで心がなごむ。

「なんでお寺に、カエルの置物が置いてあるんですか？」「お遍路さんが、無事〝かえる〟ことができるようにお守りなんです。昔の中国では、旅に出る人が帰ってくることができるように、柔らかくて折っても戻ってくる柳の枝を、お守りに渡したりしたそうだから、〝帰ってくる〟というのは、昔から、大きな願いだったんだねー」「線香って、なんですか？」「いい香りを……」「ええ！　これが、いい匂い？」「まぁ、仏様にとってはね」「ああ、ナルホド」「いい香りを、仏様にプレゼントするような気持ちでお供えするんです。女性が好きな男の人に会う時に、その人を思い浮かべながら、お気に入りの香水をつけるようなものなのかな……」「そうかぁ、今年の誕生日は、私、お父さんに何を買ってもらおうかな（うっとり）」。

でも一度、子どもたちとの「街づくり」ワークショップに参加した時に僕が驚いたのは、多くの子どもたちが、自分が作れるひとつだけの建物に（僕の住んでいる）今治市名物の「焼鳥屋」を作ったことだった。ほほえましいとも思ったのだけど、子どもたちは意外に、大人から与えられた少ない情報で強固な既成概念を持っているのだな、不自由なんだな、とも感じた。これは、ひとつのたとえ話だけど、ある意味で「恣意《しい》的に自由であること」は〝大人〟の特権にもなりえるはずだ。「恣意的に自由であること」、仏の教えにもそのヒントがあると感じることがある。

「修行僧が人のいない空家に入って心を静め真理を正しく観ずるならば、**人間を超えた楽しみ**がおこる」

『ダンマパダ』――法句経――三七三

仏教は、一般的なイメージでは「苦しい修行」のようなイメージも強いけれど、本当は大きな意味での「楽しみ」がテーマになっていると思う。そのために、真理と呼ばれるような「本当みたいなこと」に時々助けを借りて、「恣意的に自由であること」にチャレンジする体系なのだと僕は感じる。

「見えるところ」に置いてみる

栄福寺では建物の修繕の工事がはじまり、自分の部屋の荷物をいったん全部のける必要が生じたので、一階の座敷にパソコン、机や本棚、プリンター、服、布団を持ち込んで、仮の仕事場、生活場にしている。なので今、床の間の「大日如来」の掛け軸と見つめ合いながらこの文章を書いている。その前には、聖徳太子の稚児《ちご》像まである。

この部屋に移って、僕の生活習慣で好転したことがあった。〝ずっと同じ服を何日間も着続ける〟という僕の癖が、ぴたりと直ったのだ。何年か前に、新聞広告で『うちの子、どうして同じ服ばかりきたがるの?』という本の宣伝を見かけて、「うわっ、僕のことじゃないか!」と思ったこともあった。僕の名誉のために念のために書き添えると、もちろん下着は毎日替える。同世代の一般的な男性並みには服を見たり買ったりするのが嫌いなほうではないけれど、気に入ったズボンや上着があると、わりと服がクタクタになるまで、「着倒す」傾向があった。これは、服のためによくないし、第一、僕も適度に服を替えたいとは思っていた。

なぜ直ったか。それはシンプルな理由だった。この部屋は、押し入れやタンスがないので、部屋の隅に何本か物干し竿を渡して、「見えるところに」「すべて」「一望できる」状態で、僕のワードローブが勢揃いしたのだ。これは、ファッションや衛生的な意味だけでなく、「うわっ、こんな分厚いハイネックセーター持ってたっけ! あったかいなぁ」ということも頻繁にあり、健康的かつ快適でもある。整理がうまい人には、ピンとこないと思うのだけど、僕にとってはこれは、大いなる自己革命(?)であった。

そして、この「見えるところに、すべてが一望できる」というキーワードは、私生活や仕事でも活かせることだと思ったのだ。たとえば、やるべきことや、やりたいことが山積して、混乱している状態に陥った時(よくある)、解決方法を思い悩むよりも、まず、項目を「すべて書き出して」「取捨選択、種類分けして」「常に見える場所に置いておく」「それを定期的に更新する」ようなことも、わりと有効なように思う。

最近、出会ったチベット仏教の師から、チベット仏教について「その学びの体系をざっと俯《ふ》瞰《かん》するなら、まず仏教の〝全体像〟を把握することが重要視されます」ということを、伝えていただいた。難しいことではあるけれど、なにかを解決するためには、「全体のイメージをまずつかむ」ということは、とても大事に思える。

「太陽や月や星はもともと虚空にあるけれども、雲や霧によって覆いかくされ、煙やちりによって覆われることがある。**愚かな者はこれをみて、太陽や月がなくなってしまったと思う。**もともとそなわっている仏身もまたこれと同様なのである」

弘法大師 空海『吽字義』現代語訳

【日月星辰《せいしん》は　本《もと》より虚空に住すれども　雲霧蔽虧《へいき》し　烟塵《えんじん》映覆す　愚者はこれを視《み》て　日月なしと謂《おも》へり　本有の三身も　またかくの如し】

（漢文書き下し）

僕が、人によく紹介する弘法大師の言葉だ。〝仏教や密教のこと〟をよく表しているように思う。そして今回のような実際の身近な生活のシーンの中で感じてみると、また違った味わいのある言葉だ。雲の中にある太陽や月、星、そして仏身のように、隠れているものを、まずは「見えるところに、置いてみる」、並べてみる。加えたり、消したりするものが発見される。それをまずやってみることは、悪くはない選択肢のように思う。

今回の「演仏堂」の事業や、これからの栄福寺の仕事も、「仏教」というものや、「お坊さん」という人たちが、「ここにいるよ」ということを世間の人の見えるところに「置いてみる」、そういうことなのかもしれない。

開かれた場所

「覆われたものに、雨が降り注ぐ。開きあらわされたものには、雨は降らない。**それ故に、覆われたものを開けよ。**そうしたならば、それに雨は降り注がない」

『ウダーナヴァルガ——感興のことば——』第六章一四

シンプルな言い回しの多い、古い初期仏典の言葉の中では、僕にとってはすこし逆説的に響いてくる言葉だ。しかしすごい言葉である。なぜ覆われたものに雨が降り注ぎ、開きあらわされたものには、雨が降らないのだろうか。それを僕は、釈尊が「心」について語っているからだと感じた。あなたは、どのように感じただろうか？「心」から離れても、具体的な場面で活用できる言葉だと思う。〝覆われたものに、雨が降り注ぐ。開きあらわされたものには、雨は降らない〟。オープンであること。

ある彫刻家にお寺の仕事のことを相談した時に、シンプルに「とにかくオープンなほうがいいと思うよ」と話してくださったことも思い出した。その時、僕は「えっ、ちょっとこもろうかと思っていたんです」と笑うと、「うん。その中でも〝オープン〟な部分は持っていたほうがいいと思いますよ」と珍しく断定的に話してくださった。このヒントは演仏堂にも活かしたいと思うし、いろいろな仕事や役割に対して、言えることなのかもしれない。「〝どこか〟オープンに」。

坊さん的（?）文章術

「自分が自由であること」は、つまり「心も自由であること」でもあると思う。そういう時に、僕が仏教をヒントに気をつけていることは、受動的に「待つ」という態度で、それはたとえば自分が〝文章を書く〟時などにも応用して用いることがある。文章を書く機会というのは、今の時代、減るよりもむしろ増えている。メールもツイッターも「文章」で成り立っているのだから。

その方法をすこし紹介してみよう。これは、ある作家の方がエッセイに書いていたことを参考にして実践しているのだけど（中学生の頃に読んだので、無意識にけっこうアレンジしているかもしれない）、その作家の方も、ある海外の小説家の方法をそのまま流用していると書かれていた。ここでも「待つ」ということが大事になってくる。

まず、一日の中で「書く時間」を用意する（できれば毎日、定期的に）。そして、それが三十分であっても、三時間であっても、とにかく「机に向かっている」。ただ、それだけなのだ。その間に、インターネットをしたくなったり、お茶漬けを食べたくなったり、友だちに電話したくなったり、風呂を洗いたくなったり、もちろんするわけだけど（そうですよね？）、それはしない。むろん筆やキーボードが進まなくなる時間が到来するわけだけど、その時も、他のことは一切せずに、気合いを入れたり、抜いたりしながら、ひたすらボーッとする。ひと文字も書けなくても、それでいい。ただ、その「書けない」時間を、「書けないで」過ごす。「とりあえず待つ」という方法だ。これは、なかなかいい方法だと思っている。文章から離れても、仕事、生活、人生（！）でオールマイティーに使える。でも、やってみるとすぐにわかることだけど、「待つ」ということは意外にとても難しいことで、体力も必要だ。

こんな方法を、「瞑想」や禅宗の「只管打坐《しかんたざ》」（ひたすら座禅する）的にイメージする人も、いるかもしれないけれど、僕の方法では妄想や雑念が湧いてくるのを基本的に認めている。

これは、文章に向かう「状況」の方法だけど、言葉を書く自分の「態度」も、ある〝感覚〟でチューニングすることが多い。それは「自分の心を、そのままトレースする」という感覚だ。この場合の「トレース」は複写や敷き写しをするようなイメージ。心の動きを、過度に装飾的な言い回しや、決まりきった常套句《じょうとうく》で遠ざけるのではなく、スケッチするように、できるかぎり、そのままの素の状態で、「書き写す」。僕はそういう方法で、言葉を書いている。これは、うまくいくと気持ちがいい。

「当たり前のことだなぁ」と思うだろうか？　じつは、これは（自分も含めて）なかなかできないことだし、難しいことなのだ。「そのまま」に近いことを、「文字」「言葉」に起こすことって。そして、そんな素直な言葉が世の中にすこしでも増えるといいなと思う。

『大日経《だいにちきょう》』という経典に、

「如何《いかん》が菩提とならば、謂《い》わく、実の如く自心を知るなり」

という有名な一節がある。菩提は「さとり」という意味だから、「さとりというのは、現実のままの、自分の心を知ることだ」ということを表している。さとり、というと遠い遠い境地のように感じるし、実際、そのとおりだと思うのだけど、その「さとり」と呼ばれる境地は、

「自分の心を、そのままリアルに知ること」。僕はこの言葉が、とても好きだ。

そして、みなさんや僕が、文章を書いたり言葉を誰かに届けようとする時に、心のことを「そのまま」「実の如く」描こうと心に留めることは、今、この時代、とても意味があることだと思う。

もちろんそのような中でも、〝言葉を書く〟という行為の中で、できるかぎり「誰かのことを深く傷つけたりしないようにする」という心がけは、仏教からヒントを得ようとしている、親愛なるこの本の読者のみなさんには、言うまでもないことだろう。

「見えていない」リアルな僕たち

「**心が鏡のように澄みわたっていれば、仏と我との感応は天のたすけによって自在となる。**心が汚濁しているときは、鬼のような煩悩が身を雪のように滅《き》え去らすことたちどころである」

弘法大師 空海『遍照発揮性霊集』巻第六　現代語訳

【澄鏡《ちょうけい》なるときは則ち天裕、響のごとくに応じ、濁染《だくせん》なるときは則ち鬼殺《きせつ》、雪のごとくに消ゆ】

（漢文書き下し）

弘法大師も、「私」が「仏」と出会うためには、そしてそのために天の助けを得るためには「心を鏡のように澄ませること」を勧めている。「仏」というのは、見えてはいない「リアルな私たち」の呼び名でもあるのかもしれない。だから仏教では、それを見るために「澄」などの澄みきった透明感のあるイメージの言葉が頻出する。未知の「リアルな私たち」の探求は、なんだかワクワクしておもしろそうだ。そして、また、そこでも問いは続く。仏の教えは教科書や経典にあることをなぞるだけでなく、自らが感じなければ始まらないようだ。

「鳥獣草木の声はすべて仏のみ言葉であり、極楽世界は本来胸の中にあるもの」

弘法大師 空海『遍照発揮性霊集』巻第三　現代語訳

【禽獣《きんじゅう》、卉木《きぼく》は、皆是《こ》れ法音《ほうおん》、安楽観史《とし》は、本来胸中にある】

（漢文書き下し）

僕には、弘法大師が、心を鏡のようにするためには、鳥獣草木、言葉なきものたちの音に耳を澄ませ、しかも金言としてそれらに接することを、ヒントとして示唆しているように感じる。敏感に思いを巡らせ、想像し、全身で、静寂から声を聞こうとする。そのような態度はなんだか素敵だ。
ときには、ちょっぴり真剣に風や木の〝法音〟に耳を傾けてみようか。
そして、それは僕たちの「リアルな心」や「自由」についての話でもあるはずだ。

密成訓

一、「恣意的に自由であること」は、大人の特権。
一、まず「見えるところにすべて置き」、全体のイメージをつかむ。
一、オープンであること。覆われたものを開ける。
一、自分の心を知るためには「待つ」。

積み重ねる

――ほのかにほほえみ、するどい牙《きば》をむき出し――

第7話

音楽がきこえる

二〇一一年(平成二十三年)三月十一日、
僕たちが住む日本で、東日本大震災が起こりました。
これから否が応でも、ここに残った僕たちは、
さまざまなことをシフトさせ、
価値観を更新することを求められるでしょう。
そのような時、自分なりに考え、また耳を澄ませた
「仏の教え」「空海の言葉」をここに記します。

わからない、のは多くの人がそうなのだから、
間違いを指摘し、非難しても始まらない。
しかし大きな「間違い」が、未来を根こそぎ、
暗闇にしてしまう可能性だってある……。

そんな難しい時代なのだと思います。

子どもとの法事

僕がお葬式を執りおこなった方が、四十九日、一周忌、三回忌を迎えるたびに、その家を訪れ家族と一緒に「法事」をする。もちろん自分が葬式を拝んでいない、五十回忌や百回忌を拝むことも少なくはない。本当にいろいろな家族や家があるけれど、なぜかうれしく感じるのは、子どものいる家族と法事をする時だ。

先日も、十歳と三歳の兄弟が帰省してきた家で法事を執りおこなった。たいがい、まずは名前と年齢を無意識に聞いていることが多い。

「お名前は？　何歳ですか？」

「十歳だよ。名前はまもる！」

「そっかー。じゃあ君は？」

「えっと、えっと、あれ、兄ちゃん、僕の名前なんだっけ？」

「もぉ、しっかりしろよ。つとむでしょ」

小さなふたりの会話に家族と笑いながら、ふと考えると、僕たちはもともと名前なんてないんだから、最初は覚えてないこともあるよな、と三歳の子どもに、仏の教えについて、また「生きている」ということを考えるきっかけをもらったりする。

「人々は**自我概念にたより、また他人という観念にとらわれている。**このことわりを或る人々は知らない。実にかれらはそれを（身に刺さった）矢であるとは見なさない」

『ウダーナヴァルガ』—感興のことば—第二十七章七

仏典に触れていると、僕たちは何かを「知る」と同時に、思索や瞑想によって、なにかを「思い出そうとしている」感触を得ることがある。もしかしたら、僕たちは「生きる」というその中で、なにかを忘れ続けているのかもしれない。

それが、あらがうことのできない事実であったとしても、ふと立ち止まって、そのことを見つめることには、意味があるように感じる。

密教の地鎮祭「土公供」

栄福寺の新しい建物「演仏堂《えんぶつどう》」の工事直前になり、神式の「地鎮祭」にあたるような仏教(密教)の儀式「土公供《どこうく》」を執りおこなった。土の壇を作り、木の串《くし》に紙で作った「幣《へい》」をはさんで、五穀(今回の場合、米、大麦、小麦、胡麻《ごま》、大豆)などをお供えする。

これは、今から土地を使わせてもらうにあたって、その地の神に許しを請い、工事、その後の生活の安穏《あんのん》を祈念する性格をもった儀式だ。今、この時代に「神様」に捧げるために「五穀」を探し回ってお供えしたりすることが「アホらしい」と感じる人だって、いるかもしれないけれど、僕の身体感覚からするとリアルな意味をもった行為だと感じた。

たとえば「土地」のことを、僕たちは「私の土地」と呼ぶことがあるけれど、たとえ不動産取引を経た法律上の所有者であったとしても、違う側面から見れば言うまでもなく、この土地は誰のものでもなく、ときに「借り受けたもの」とも感じる。それは、道徳的な意味でもスピリチュアルな意味でもなく、シンプルな真実だ、と僕は思う。その「本当のこと」の「認識」は、ときに自分たちを助ける力があるので、人の営みはこういった「儀式」を完全には手放しにくいのだ。

僧侶が食事で唱える偈

そんなことを考えていると、高野山での僧侶修行時代に食事をいただく前に唱えていた「蟲《ちゅう》食偈《じきげ》」という言葉の内容が思い浮かんできた。

「我《が》身《しん》中《ちゅう》有《う》八《はち》万《まん》戸《こ》
（私たちの体の中には八万の家があり）
一一《いちいち》各《かく》有《う》九《く》億《おく》　蟲《ちゅう》
（その一つ一つに九億の蟲《むし》が住んでいます）
済《さい》彼《ひ》身《しん》命《みょう》　受《じゅ》信《しん》施《せ》
（その生命を養うために施主の信心がこめられた食を受けるのです）
我《が》成《じょう》仏《ぶつ》時《じ》先《せん》度《ど》汝《にょ》
（そこで自分が成仏した時には何よりも汝たちを救いさとらせましょう）」

自分の中にある八万の家と、そこに住む九億の虫。食事とは彼らのためのもの。

神に土地を借り受けるために、道具となる松の木を切って儀式の準備をしながら、そんなイメージを意識していると、ここにある「自分」という存在さえ「借り受けたもの」「仮なるもの」かもしれないという気分が体に染み渡ってきた。「僕は今、〝演仏堂〟というひとつの建物のことで、頭がいっぱいだけど、自分の中にもたくさんの家がある」。そんな想像は、どこか心になじむものだった。

仏教の教えの中で繰り返し説かれる、「〝私〟という思い込みから離れよ」という教えを耳にする時、

(たしかに〝自分〟という概念にこだわりすぎるのは、自分の中にある無数の細胞のひとつが、〝私ってさ〟と自分語りをしたりするような滑稽《こっけい》さと似てるのかもな……)

というふうに感じることがある。もちろん僕自身、今でも「私」というものに、こだわってしまう凡夫《ぼんぷ》のひとりではあるのだけど。

東日本大震災が起こる

そのような中で、想像を絶するような死者と傷ついた人たちを生んだ災害が、僕たちの住む日本で起こった。その日、災害の様子を伝えるテレビを呆然《ぼうぜん》と見つめた後、お寺の工事現場で

働く職人さんたちに、震災が起こったことを告げて回った。もしかしたら、家族や親しい友人が被災地に住んでいる人もいるかもしれないと思ったから。

しばらくたったある日の夕方、お堂の施錠をしていると、知り合いの若い地元テレビ局の記者が久しぶりにお寺にやって来た。被災した現地を取材して、精神的に大きな衝撃を受けているようだった。

「今、密成さんがなにを考えているか知りたくなって」と彼は口を開く。彼は僕と話したいというよりは、人間が受け止めることが難しい大きさのなにかを「お寺」という場所に持ってきたのかな、と直感的に感じる。

僕が口にしたのは本当に少ない言葉だった。

「出来事が巨大すぎて、正直言葉を失った。でも、このことを通じて僕たちが気づくこと、気づかなければいけないこと、も多いのでしょうね……。とくに若い僕たちが……」

「悲惨な病院の現場の中で僕が感じ続けていたことは、今まで感じたことのなかった、人々が共に生きる〝よき心〟のようなものでもありました。うまく説明できないけれど……」

「……」

普段はおしゃべりなふたりは、黙り込む。

僕はふと、お堂にある鐘を「ぼーん」と鳴らした。

僕たちは今、こっちにいる人間だから、生きなければ、ここで。


これから今まで以上に僕たちは、なにかを「決める」ことを求められる場面が、否が応でも増えてくる。その時、大切なのは「わからない」ことを認める態度ではないかと感じている。だって、誰にも「わからない」ことが多いに決まっているはずだから。

「わからないけれど、今、僕は自分の判断で、こっちだと思う。そこへ向かおうと思う。三年後には、逆のことを言っているかもしれないけれど、一緒に行かないか」

そういった言葉に「わからないって、なんだよ」と怒りで反論するのか、「うん。一緒に考えてやってみよう。もしかしたら別の道を行くことになるかもしれないけれど」と勇気をもって光を見て伝えられるか。そして、「間違い」が判明した後でも、お互いを許し合えるか。そこにも僕たちの「これから」はかかっている。


「他人の過失を探し求め、つねに怒りたける人は煩悩の汚れが増大する。かれは煩悩の汚れの消滅から遠く隔《へだた》っている」

『ダンマパダ』―法句経―第十八章二五三

誰かのあら探しをする余裕は、たぶん僕たちにはない。

しかし〝同時〟に、今ほど「冷静でクレバーな非難、反論」が求められている時は、ないように思う。矛盾するような非合理的な言い方だけど、その両方が強く求められている。僕はまたブッダの言葉に耳を澄ませる。

「称賛してくれる愚者と、非難してくれる賢者とでは、**愚者の発する称賛よりも、賢者の発する非難のほうがすぐれている**」

『ウダーナヴァルガ』―感興のことば―第二十五章二三

「賢者とは何か」「自分自身がすこしでも〝賢者〟という状態に近づけるか」。すごく困難な道であっても、険しい道を前に進むしかないだろう。そして、自分を含めた社会の中に「愚」を見つける、すこしでも「光」を探す。自分が送ってきたわずかな人生での「決断」を振り返ると、格好のいいスパーンとした決断はむしろすごくわずかだ。その多くは、「そこに行かざるをえなかった」、漂流木のような「決断」の連続。その中でもよりよいものを、濃霧の暗闇の中にある灯台に目をこらすように、光を求めたい。

『理趣経《りしゅきょう》』という密教経典の中で、「蓮華のような清らかなお顔で、ほのかにほほえみ、しかも、たけだけしく眉をひそめ、荒々しく見て、するどい牙をむき出し」（宮坂宥勝《ゆうしょう》訳）という姿の仏が登場する。そのようなギリギリの矛盾した態度。笑顔で怒り狂い、怒りに満ちた表情で微笑する、そのような引き裂かれるような苦しい場面は、これからもあるはずだ。

祈りとは時間をかけること

「祈り」という言葉を多くの人たちが使った。僕自身、この言葉を何度か反芻《はんすう》することがある。今、僕にとって「祈り」とは「時間をかける」こと。

ある僧侶が法話の中で、「しあわせになりたいからといって、〝しあわせになりますように〟と何度お願いしても駄目です。具体的な方法を模索しなければ」という意味のことを言われて、はっとしたことがある。「そうなだぁ」と。しかし、だからといってたとえば仏様にお茶や香をわざわざお供えすることを、無駄なことだとは思わない。なぜか。そこには「時間」がかかるから。「自分は、これを大事にする」、その確認作業としての「時間」とその「積み重ね」。

それが、今の僕にとっての「祈り」だと思った。そしてそれは残念ながら、今までの自分自身にもっとも足らなかった態度でもある。

「**歩いている時も座っている時も、そこがそのまま道場**の場に変わり、眠っている時も目覚めている時も、心と法を観ずる真実の智慧はついてまわる。だからこそ朝日と一緒になって長き眠りを驚かせ、春雷《しゅんらい》といっしょになって冬ごもりの虫を引きずり出されたのだ」

弘法大師 空海『遍照発揮性霊集』巻第二 現代語訳

【若《も》しくは行、若しくは座、道場即ち変ず。眠に在るも覚に在るも、観智離れず。是《これ》を以て、朝日と与《とも》にして長眠を驚かし、春雷と将《とも》にして以て久蟄《きうちふ》を抜く】（漢文書き下し）

空海の師、恵果《けいか》の碑文で空海が発した言葉だ。歩いている時も眠っている時も、そこは道場であり、いつも心はついてまわる。「時間を積み重ねること」、そのことを僕は胸に留めておきたい。

今、自分自身が四国遍路を巡拝したいと思う。僕は海や山、自然が大好きだけど、たとえば高知の太平洋を海際で眺める時、そこには今までの敬い、敬慕の視線だけではなく、「畏れ」の気持ちが湧きあがってくるにちがいない。しかし、それを含めて、人は「畏敬の念」と呼んできたのだ。人は自然から与えられ、そして奪われた。

自分たち自身がまさに〝自然〟であるがゆえ、生まれ、滅していく。ときに突然に。そのことを、繰り返し、時間をかけて思い出したい。悲しみの涙の中であっても。そして、ここにはいなくなった人や街、自然の肩を抱き、耳を澄ませ語りかけたい。

騒然とした現実の中で

「天地の混沌《こんとん》たる中から、大地は天から引き裂かれ
純粋の気は上に昇って天となった以後
月と日は回転し
万物は集まりうごめく
山と海は配置され
あの世とこの世は分け隔たれた
世俗の世界は生成滅亡をくりかえすが

真理は人の道を先導するものである」

弘法大師 空海『遍照発揮性霊集』巻第二 現代語訳

【雞黄《けいくわう》 地を裂き
純気 天に昇る
蟾烏《せんう》 運転して
万類 跰闐《へんてん》す
山海 錯峙《さくち》し
幽明 阡《みち》を殊《こと》にす
俗波は生滅し
真水は道の先なり】

（漢文書き下し）

その騒然とした生滅を繰り返す現実の中でも、僕はやはり自然への親しみをたしかに感じる。

「山はごつごつとそびえ
水は澄みわたる

美しい花はきらきらと輝き
珍しい鳥はピイピイと鳴く
地上の響き、天上の響き
筑《こと》のようであり、箏《こと》のようである
すぐれた方がふと訪れてその中にひたると
音楽がそれに応じて鳴りわたる」

弘法大師 空海『遍照発揮性霊集』巻第二 現代語訳

【山也《や》崢嶸《さうくわう》たり
水也泓澄《わうちよう》たり
綺華《きくわ》 灼灼《しやくしやく》たり
異鳥 嚶嚶《あうあう》たり
地籟《ちらい》天籟
筑《ちく》の如く箏《さう》の如し
異人 乍《たちま》ちに浴し
音楽 時に鳴る】

（漢文書き下し）

この世界を敬慕することは、たぶん僕たちと亡くなっていった人たちを敬慕すること。
今日も音楽がきこえる。
合掌をします。

密成訓

一、僕たちは、生きながら何かを忘れ続けている。
一、自分の中にある八万の家と九億の虫を思い浮かべよう。
一、「わからない」を認める態度を養う。
一、「祈り」とは時間をかけることである。

なにをしないか

——心はこれを楽しんでいるのです——

第８話
神秘の準備

仏教や宗教に興味がある人の中には、
「不思議なこと」が大好きな人が多い。
「ねぇねぇ、和尚さん、和尚さんだから話すのだけど、
私って霊感があるみたいで……」
といった〝打ち明け話〟をされることもしばしば。
「はじまりの仏教」は、占いや呪術《じゅじゅつ》を禁じたり、
「そういうこと」と距離をおこうとした思想でもあったのですが、
不思議です。
（仏教でも時代を経て、そういった存在を
再び重要視するような流れも出てきました。
僕の修行している密教は、まさにそういった流れです）
でも今の時代、「神秘的なこと」って、
しっかり〝準備〟をしておいたほうがいいように思ったんです。

納経所の一枚板

今、栄福寺では演仏堂と共に納経所《のうきょうしょ》も新築工事中だ。この場所は、お遍路さんが持ってこられる納経帳に（本来は寺にお経を納めた証《あかし》として）朱印を押し本尊の名前を墨で書くところで、四国八十八ヶ所霊場である栄福寺にとって、とても大切な場所なので、気持ちのいい空間にしたい。納経所も演仏堂と同じ建築家が設計を担当していて、納経をする納経台（カウンター・テーブル）に一枚板を使えそうだということなので、地元の木材場に見学に行ってみた。

新しい納経所の台の長さは四・八メートル、奥行きは七五センチというなかなかの大迫力サイズ。そんな台に使えそうな一枚板なんてよく用意できたな、と思っていると、はじめに見に行ったのは樹齢四百年の杉、それも神社に生えていたという木だった。

しかも話を聞いてみると、僕も父も先代住職である祖父もかつて働いていた町の神社。「これは、もう決まりだろう！」という物語性爆発な展開だった。しかし次に見に行ったイチョウとヒノキを吟味した結果、結局ヒノキを使うことにした。僕は、すごく物語性を大切にしたいと思うことが多いけれど、使う場所の水気や質感、木の堅さ、そして好みを考えて珍しく冷静な判断をした。「直感的に合理的判断をする」。そういう時もある。しかし杉も気になったなぁ……。イチョウも白くて繊細で、いつかなにかに使ってみたい木だ。

両方にいてほしい

栄福寺の新しい建物群は、お寺の落ち着いた雰囲気にもできるかぎりなじむように試行錯誤されている。外壁左官材に地元の大島石《おおしまいし》を砕いたものを練り込む計画があったり、高知の土佐漆喰《しっくい》に愛媛の土を混ぜ込んでサンプルを作ってみたりしている。そんなふうに最大限この場所に「なじむ」ことを念頭に置きながらも、今までのお寺の風景からしたら、新しい風景、デザインも提案したい。

そういう計画が進行中なので、今までのお寺の風景もすごく好きなだけに、不安になることがある。「お寺という懐かしい伝統的な存在の中で、ある人から見れば突拍子もないようなチャレンジをしていいのかな……」。しかし、最近僕はある人たちを想像することで、自分の背中を押すことがあるのだ。

ひとりは「今まで誰かが見たことがあるものは、自分が作るものではない。見たこともないデザインに挑戦してワクワクしたい」と語るグラフィック・デザイナー。あるいは「私は、むしろありふれたものを丁寧に作りたい。今までの文化は、人間が時間をかけて積み上げてきたものだから、尊重して敬意を持ちたい」と語るファッション・デザイナー。

僕はその「〝両方〟にいてほしいな」と強く思う。これは、伝統的な役割でもそうだ。

たとえば、「自分たちの役割は、伝えられたものを作り、そのまま次の世代に、引き継ぐこと。〝自分〟のやりたいことなんて、考えたこともない」と語る宮大工。「僕たちの仕事は、すばらしい古い技術を持っていても、このままでは人が絶えてしまう。どんどん新しいデザインや商品を提案していきたい」と語る漆《うるし》職人。そういう人を想像すると、こちらにも「両方いてほしい」。

今、多くの人たちが「どっちがいい」という議論をしているけれど、想像以上に多くのことがらは、「両方にいてほしい」タイプのことだと思う。そして、僕自身は「古いものも新しいものも大好きなので、両方、満喫したいなぁ」と正直に考えている。

そして、今回のプロジェクトを通して、お寺を訪れる人たちに、「古い」や「新しい」ということではなく「仏教に今と未来がある」というひと言を、言葉以外の〝形〟でもお伝えしたいのだ。

神秘への「構え」

新しい計画が続々と進行する中で、「坊さん」という仕事のことを、僕自身があらためて考える機会が増えている。「結局、今、日本の中でのお坊さんってどんな仕事、役割なんだろう？」。

そこでふと気づいたのが、お坊さんという役割は「神秘的な力」をあつかっているというイメージを持たれていたり、会話で聞かれたりすることが多いことだ。

「えー、お坊さんなんですか。じゃあ霊感ってあります？」

と聞かれることが、本当によくある（なんだか変な気もする）。「うん、ありますよ。ちなみにあなたも霊感あるでしょ」と言うと、「なな、なんでわかるんですか？」だったり、「どど、どうしてそう思うんですか？」というすごい反応が返ってくる。「ウソ、ウソ、霊感なんて全然ありません」と言い直すと、「なーんだ」という感じで、その場を静かに去っていく（僕にはいつかバチが当たりそうだ）。

多くの人が「神秘的な力」に、強く興味があるのだ。不思議なことっておもしろい。でも仏教や宗教にヒントを得たいと思っている人はとくに、またそうでない人も、「神秘的な力」との接し方は、普段から「構え」をしっかりと準備していたほうがいい、と考えている。

僕は「神秘的な力」について、ふたつの捉え方（というほどのものでもないけれど）をもっている。

ひとつは、ただの「ウソ」。これはけっこう多い。とくに自己宣伝的な雰囲気の人、すぐにお金の話をする人には、注意したほうがいいだろう。最近、脳の研究者が「コックリさん」の原理について書かれているのを読んだ。「強く念じたことは、無意識であっても筋肉が動くことがある」。これはスプーン曲げの実演で「会場の人もやってみましょう」ということになって、「うわっ、触っただけなのに、念じたら曲がった……」なんて現象も説明できる。そういうふうに「無意識のカラクリ」もある時がある。「コックリさん」や「スプーン曲げ」が完全な嘘だと主張したいのではない（もちろん）。神秘的な力かもしれない。でも「種や仕掛けがあるかもしれないよね」と、言いたいだけだ。

もうひとつは、こちらがより言いたいことで、「そういうことってある（ありえる）」という態度だ。不思議なことって常識的に言って、ある。

仏師、西村公朝師の神秘

数年前、栄福寺の仏像修理を検討することになり、縁あって京都国立博物館内に工房を構える「美術院　国宝修理所」の方に来ていただいたことがあった（国宝や重文ではないけれど、近所のお寺に便があったようで、みていただくことができた）。

それ以来、興味を持って、かつて国宝修理所の所長を務められた仏師であり僧侶でもあった西村公朝《こうちょう》（一九一五〜二〇〇三）師の書かれた本をいくつか読みはじめた。

その中に、興味深い話が語られている。

昭和三十年、西村師は、京都の愛宕《あたぎ》念仏寺の住職に就任する。しかし国宝修理者としての仕事があるので、何人かの人に留守番を頼んでいた。この留守番の人たちは「ある種の行者《ぎょうじゃ》といいますか、俗にいう神がかった感じの人たち」（西村公朝『仏像は語る』新潮文庫）だったという。また「彼らは、皆それぞれにある種の超能力的な法力を持っているようでした」とも西村師は記している。その行者さんたちは、西村師に奇跡的な法力をみせ、好奇心旺盛だった彼は、行者さんに法力を授けてほしいと頼み、それを了承された。

そこで、ひとつの〝実習〟として、彼らはある「連絡方法」を試みる。西村師が各地を移動している時に、行者さんが神霊的な光を発し、それを「受信」できるかどうか試みる、という方法だった。「なかなか信じてもらえないかもしれないが、本当に私はその光を受信できたのです」（同書）と西村師は言う。しかしその時は最高峰の国宝修理者としての信用を考え、他言することはなかった。

昭和三十四年、西村師は国宝修理所の所長になる。そしてある寺の調査中、例の光がポッと見えてきた。その時「これはいけない」と突然感じ、目が醒《さ》めたように、それからは行者さんの発する光に自ら反応しないように努めたという。自分の仕事は壊れた仏像を甦《よみがえ》らせる、仏像の医者のような仕事であり、その大事な仕事を霊的な光が邪魔したように感じたと述懐されている。

その西村師の「引き際」も見事だと感じるけれど、むしろここで僕が語りたいのは「神秘的な力」というものに対して、「そういうことってある（ありえる）」という態度をとっておいたほうが、「安全」のように思うということだ。

西村師の話の真実性などについては、ここで議論しようと思わない。しかし師がお寺の留守番をお任せするぐらいだから、師の信頼に値する人格を有した人たちであったのではないかと想像する。

この話を僕たちの現実的な生活に教訓をもって結びつけるとしたら、「神秘的な力」というものが、「すぐれた人格」や「思想の優劣」と、〝常には〟直接的に結びつかない、ということだ。しかし逆に「あの人に過去のすべてを当てられたから、彼は本物だろう」といった話を本当によく聞く。

なぜ、ここでこんなことを語るかというと、「ウソの神秘」や「本当の神秘」を使って、あなたを利用したり、騙《だま》したりしようとしている人は、意外と近くにいることだってあるかもしれないからだ。そしてそれは、ときに「宗教」「仏教」「坊さん」という器を借りていることだって、あるだろう（逆に「宗教じゃないので安心してください」と言う人も多い）。最近、大学などの「学校」「サークル」を舞台にそういうこともあると聞く。

神秘を見ただけで、その人を過信しすぎないこと。「神秘みたいなことって、ある」と驚きすぎないように準備する。それが、今の僕が言えることだ。

その準備ができてはじめて、僕たちは安心して「神秘」と対峙《たいじ》できるのだ。

僕が奉じている「密教」は仏教の中でもとくに「神秘性」をあらゆる意味で重要視する。「仏教」や「密教」の話から離れても、個人的に「神秘」のない世界は、どうも居心地が悪い。しかし「神秘」には準備が必要だ。

釈尊であっても、弘法大師であっても、偉大な宗教者たちの人生の多くは民衆たちによって奇譚《きたん》（世にも珍しくおもしろい物語・言い伝え）で語られているのだから、「不思議」や「神秘」

は、事実としてもメタファーとしても大切な話だと感じる。だからこそ取り扱いに注意して、向き合いたい。

ふつうじゃないから、「神秘」というのだから、ときにびっくりしたり感心したりするのは、しょうがない。僕もそうだ。

でも、心の中のどこかに「そういうことって、あるみたいですね（ニッコリ）」という〝余裕〟をちょっぴり準備しておこう。

「鳥のように空中へ浮遊したり、岩を通り抜けたり、千里眼を持っているという修行者はたくさんいる。しかし、もしもそれらの〈超人〉に、**菩提心が欠けていれば、そんなものはただの見せ物**で、人々を本当に救う力などは持たないのだ」

『虹の階梯《かいてい》』中沢新一／ラマ・ケツン・サンポ、中公文庫

「戒律」の足し算、引き算

また、ある側面からみると「坊さん」の役割は、「マイナスの動き（引き算）」を司《つかさど》るもの、

でもある。これにはすこし、説明が必要だろう。

ある結婚式で、高野山の老僧が話されていたことを最近よく思い出す。それは「戒律《かいりつ》」には二種類あるという話だった。「戒律」というのは、ご存じのように仏教教団の修行、生活規範のことだ。どんな二種類があるのだろうか。

その場所は、結婚式の会場だったので、とても丁寧に話されていたけれど、端的に言うと「戒《かい》」は自発的な決心であり、「律《りつ》」は他律的、つまり他人から受けるもの、という話だった。

そして、

「〝戒律〟というと、他から授けられるルールのように感じるが、自らが宣言して自律的に守る〝戒〟の精神も大切にしてください」

という話だったように記憶している。

今この「戒と律」の話を思い出すと、「戒」は足し算で、「律」は引き算みたいだなと思う。この話を聞いた時は、今よりもずいぶん若かったこともあるのかもしれないけれど、「そうだな、人から押しつけられるルールよりも、自主的な〝戒〟の気持ちこそ大事だ。かっこいい話だな」と思った。しかし今になって自分自身がよく考えることは、「足し算」とともに「引き算」のあることの「凄味《すごみ》」のようなものだ。おそらくその老僧も、その意図を含んでお話しされていたのだろう。

「なにをしないか」

「他律的」「他人から受ける」ということから想起して、自分という個人の中でも、「なにかをやる」ということに加えて「なにをしないか」という、ある意味「マイナスの動き（引き算）」には、現状を動かしたり、よくしたりするための大きなヒントが潜《ひそ》んでいるように感じる。

たとえばとても卑近《ひきん》な例をあげると、僕は今の仕事がなかなか順調に進まないので、パソコンの前にいる時間を今までの半分以下にしている。

あなたが今、気持ちよく生活するために「やるべきこと」に加えて、「やらないこと」って、なんだろう。じっくり探すと意外といくつか見つかるかもしれない。

> 「諸々の欲望には患《うれ》いのあることを見て、また**出離こそ安穏**であると見て、つとめはげむために進みましょう。わたくしの**心はこれを楽しんでいる**のです」
>
> 『スッタニパータ』四二四

ここでいう「出離《しゅつり》」は、修行者に向けた宗教的な色彩が強い、俗世を離れ煩悩を去ってさとりの境地に向かうこと。しかし、あえて今の話に結びつけて、僕たちの生活を舞台に考えてみると、「出離」という動きも、ある意味で「なにを〝しない〟か」という「マイナスの動き」のように感じられる。

「離れる」ことによって「楽しんでいる」、その姿をリアルにイメージすることは、遠い昔の修行僧に思いを馳《は》せるだけではなく、今の自分たちの生活や仕事にも小さくはない示唆がある。

あなたは「なにをしない」だろうか？

僕たちは「なにをしない」べきなんだろうか。

心がそれを「楽しむ」ために。

個人の中で、チームの中で、そして社会の中で、そんなことを考えることも「坊さん的」なことだと僕は考えている。

密成訓

一、たいがいのことは、「両方いてほしい」ものである。

一、神秘的なことに対して、「そういうことってある」という構えを準備しておく。

一、「なにをするか」とともに「なにをしないか」が重要である。

やってみる

――心は境を逐《お》いて移る――

第9話
演仏堂を建立しました

栄福寺に新しい建物「演仏堂《えんぶつどう》」を建立しました。
見ていただくとわかると思うのですが、
けっこうユニークな姿をしているので、
来られた方は、びっくりしたり、
「これは何ですか?」と聞かれたりすることが多いです。
そのような建物を、どんな思いで僕が計画したか、
素直に書いてみました。

そんな中で、自分が大事にしている、
「誤答でも答える」「自分の経験をすべてだと考えない」など、
みなさんの生活にも役に立つことがあるように思い、
お伝えします。
この時期、とくに仏典を開くことが多かったような気がします。
どこかで「勇気」を欲しがっていたのでしょうね。

組織の設立は弘仁年間

「坊さん」の〝仕事〟といえば絵に描《か》いたような宗教的な仕事を思い浮かべる人も多い。もちろん、「葬式」「儀式」のような役割も大事な仕事なのだけど、けっこう、事務的な仕事もある。そういう仕事の中で、母親に代理でお金の振り込みに行ってもらうことがあった。そういった場合、お寺に銀行から電話がかかってきて「住職」の本人確認をされることがある。

今回は、生年月日や氏名をお答えした後に、「すいません。組織（お寺）の設立年を教えていただけますか？」と聞かれた。そこで、うーんと考えて「えーっと、弘仁《こうにん》年間。西暦で言うと八一〇年～八二四年と言われていますよ」と答えた。おそらく、会社などだと「昭和＊＊年です」とか「平成＊＊年です」と答えられることがほとんどなのか、しばらく沈黙の時間が流れた後、「わ、わかりました」と変な雰囲気で電話が終わった。

ちょうど妻と一緒にいたので、「なんの電話？」と聞かれ、「いや、銀行に設立年を聞かれてね、それで、弘仁年間と」「ははは、弘仁年間！」と笑いあった。その時は、ただ可笑しくて笑っていたのだけど、千年の時を超えて、ある「組織」「チーム」を預かっていることに、ずしんとした実感を感じる。

演仏堂が完成！

栄福寺の一連の「演仏堂プロジェクト」が完成した。同じ一本のクスノキを材料に制作した「高くもなく低くもない」高さの「中道の机」。

ヒノキの大きな天板机を持った、ちょっと美術館のミュージアムショップみたいだけど、地元の久万《くま》ヒノキを中心に木をふんだんに使った四国霊場の納経所。

そして、さまざまな角度の窓がいくつも開いた新しいお寺の建物、演仏堂。完成後、いくつもの建築賞を受賞し、国内外のさまざまなメディアに取り上げられた。とてもうれしいのは、今までお寺に来ることのなかったような建築を学ぶ学生が黙々と撮影をした後に、恥ずかしそうにお堂に手を合わせたり、小学生や幼稚園の子どもたちも遠足でお寺に訪れることが増えたことだった。

この建物の内部の壁には四国の土佐漆喰《しっくい》を内装材に用いて、外装材は土のような風合いをもった現代の左官材に、設計者とそのスタッフ、僕を含めたお寺のメンバー、石屋さんが地元今治の「大島石」をハンマーで細かく砕いて混ぜ込み、自然な風合いをもった仕上がりを目指している。

中道の机

納経所

演仏堂のプランは、設計事務所がいくつも提案してくれた設計案のなかで、ずっと別のプランで進んでいたのだけど、最後の最後で、さまざまな角度の窓にうまく言葉にできない「物語性」「かわいらしさ」を感じ、この計画案を選んだ。

演仏堂の、すべてが違う角度で開いた無数の窓を見ていると、「仏教」という存在も、「こころ」や「身体」にさまざまな角度から、道のような「穴」を開け、光を当て、新しい交通を生み、「本当のようなもの」を、手探りの中で触ったり、感じようとした「試み」のようなものでもあるのかな、と思う。ちなみにこの窓の角度は、まったくランダムに開いているわけではなく、夏場には暑い西日をできるだけ避けるように、冬には暖かい光が室内に入り込むように、精密に設計されている。

撮影しに来た写真家の方は、

「人の繊細な部分に触れるのが〝宗教〟だとしたら、これも宗教じゃないかな」

と声をかけてくれた。

ここですこし「演仏堂」という建物に込めた思いを記しておきたい。

「仏教は、現代に僕たちが生きるために大切なメッセージを持っている。でも、このままの方法論で、〝すべて〟このままで、お寺やお坊さんがいいかと問われると、そんなはずがない」

ということを（もちろん自戒を込めて）、表現するべきだと思ったこと。そこには、伝統的なも

のに加え、日々生まれ滅するエネルギーに満ちた、芸術やクリエイションの「力」が欲しくなった。保持することと、新しく考え実現していくことを、両方やっていきたい。そして言うまでもなく、あらゆる時代で「お寺」という場所は、そういったコンテンポラリー（同時代的）な表現の「置き場所」でもあり続けてきた。ある意味で栄福寺の今回のプロジェクトは「伝統的」な寺院的態度だ。

そして、もうひとつは、僕も心から敬愛する宮大工の技術、美しさは、おそらくこれからも簡単には廃《すた》れることはないと思う。つまり、その技術は多くのお寺や、僧侶、それを囲む人たちによって大切に守られて作られていくと感じる。

しかし今、僕や栄福寺がさまざまな出会いによって立っている場所、「仏教と今を生きる人たちをポップに繊細に結びつける」という地点は、ある意味でとても小さな偶然をいくつも結びつけることで、不思議にも立っている場所だ。その時、「自分の役割は、こっちかな。そして、今、これをできる人はとても少ないだろう」と感じた。誤解を受ける言い方かもしれないけれど、何より「おもしろそう！」だとワクワクしたのだ。もしかしたら、後悔することだってあるかもしれない。でも今、この道を進もうと思う。

じつは僕は、演仏堂を単純に「新しい」ニュータイプの存在とは思っていない。この建物を建立するにあたって、多くの人が単純に「昔」だと感じる、たとえば空海の活躍した「平安時代」などを、すごく「最近の」モダンな時代じゃないかと捉えた。つまり政治機構や技術、整理整頓された宗教儀礼をみても、それは「古《いにしえ》の文化」というよりは「はじまりのモダン」を思わせるものばかりだ。仏教にプリミティブ（原始的）な躍動感を取り戻すとしたら、平安時代よりもっともっと「古《いにしえ》」にさかのぼらないといけない……。「奈良時代」とかそういうレベルではなく。じつは僕のそういった思いも、この建物には込められている。それは境内でこの建物を実際に見ていただいたほうが伝わることかもしれない。

お坊さんが働くオフィスを

「演仏堂って、どんな性格の建物ですか？」

と聞かれることも多くなってきた。じつを言うと、大きなことを言ったわりには、とくに目新しい性格の場所を作ったわけではない。むしろ外観から、「あっ、仏教が今までとは雰囲気の違う何かを伝えようとしているんだね」ということを感じてもらうことが、一番大きなことなのだと思う。いわばこれからの仏教の「旗」のような存在。

演仏堂の内部は、「オフィス」「アトリエ」「寺務所」「生活空間（僧院）」のような場所で構成されている。僕はそれを時々「基地」と呼んだりする。自分たちの仕事、役割をざっと見渡した時に、生活と仕事、役割が混然としすぎていて「ぼやっ」としていると感じた。だから、「ここは、お寺のスタッフが仏教を学び、伝えるための〝働く場所〟です」というワーク・エリアが必要だと思った。

またきわめて高い耐震性をもたせることで、被災時に仏像をおまつりするお堂、納経所、仕事場、住まいなどの「お寺のすべての機能」を、一カ所に集約して持たせることも意図している。あるいは五十年後には、ここはアートギャラリーになっているかもしれないし、瞑想のための空間になっているのかもしれない。

僕は、この栄福寺に「演仏堂」を作ってみた。弘仁年間に始まったものもあるけれど、〝今〟に小さく始まることもある。まだ家具のほとんど入っていない演仏堂の中にこしらえてもらった、四畳ほどの小さな書斎でこの文章を書きながら、なんだか、自分の中でも「演仏堂」がおぼろげながら、曖昧《あいまい》な輪郭を持ちはじめたように感じる。

完成後、しばらくするとさまざまな声がかかりはじめ、地元愛媛のこだわりの服屋さん、お茶屋さん、農家、グラフィック・デザイナー、材木屋、行政、そして坊さんなどが集まって「デザイン会議」のようなものが開催されたり、京都大学の研究班が主催した「聖地巡礼」に関する文化人類学の研究発表会が開催され、そこでは僕も自分にとっての仏教や遍路の現状について語った。そして憧れの音楽家や修行者が今治を訪れた機会に訪問してくれることもあった。

どれをとっても、この「演仏堂」がなければ実現しなかったことではあるけれど、まだ始まったばかりだ。

「ふつうの仕事」

演仏堂のデザインは、今まであまりお寺では見たことがないような建物だ。しかし、これから僕が僧侶として、住職として取り組みたいことは、ある意味で「当たり前の、ふつうの」ことなのかもしれないと思ったことが、最近あった。小さな海辺の街を訪れた時に食堂に入ると、地元の食材で、魚料理やおから、大根のおひたし、豆の煮物、ひじきなどがたくさん並んでいて、セルフサービスでたっぷりとって、鯛の切り身が入った味噌汁がついて、とても良心的な価格だったのだ。「ああ、こんなところが近所にもあるといいね」と話した。「でも、もしかしたらすこし昔までは、こんな食堂がどこにでも当たり前にあったのかもしれない」、そんなことも話した。そしてその時、「当たり前のお寺やお坊さんに、なれたらいいかもしれない。もっとあったらいいかもしれない」と思ったのだった。

お寺を訪れると、感じる心は人それぞれだけど、なんとなく落ち着いたり繊細な気分になったりして気が晴れる。そしてときには、仏教の教えにアクセスできる。そんな〝ふつう〟のお寺。「坊さん」もそういった〝ふつう〟の性格を、できるかぎり備えようとする。

意外とヒントは、「ふつう」にあるのかも、と思う。今、「ふつう」が少なくなってきている。そこに「私」というスパイスが加わる。「ふつう」だけど、独特の色彩を帯びる。いろんな人がうれしくなる。

「仏教の目的は?」と問う人がいたとしたら、いろいろな言葉が考えられるけれど、「正覚《しょうがく》(正しいさとりのこと)、さとりでしょうね」というのもひとつの答え方だろう。ふと僕は、「今の状態」と「さとり」の中間的なゾーンがあるとしたら、そこには「笑顔」のようなものが、あてはまるんじゃないかと考えた。まずはそんなものを目線に入れて、がんばってみようと思う。

学校で学んだことを思い出す

大きなプロジェクトを終え、「あー、次はどんな仕事をするんだっけ……」と不健康な「やり尽くした感」がすこしあった。そして「ああ! もしかして〝間違った〟かな。なんてこった」と結果に自信がもてず、かなしい気持ちになることも正直あった。すると自然と体調もすぐれなくなってくる。そんな時、ふと自分が学生として高野山で仏教を学んだ経験が助けてくれるようなことがあった。それは、どんなことでも「たいがいおもしろい」ということ、そして「誤答でも答える」ということだ。

僕は台風がくると「警報、出てください！」（学校が休みになるから）と手を合わせるタイプの学生だったので、えらそうなことは言えないのだけど、そのような中でも「役に立ったなぁ」と思うことがある。

学校での僕の好きな科目は、経典や高僧の伝記など「文章を読むこと」だった。その中でも、テストの時に出題の文章を読むのが好きだったのだ。テストに出る課題文章は選ぶことができない。しかし、他のことをあまり考えず、いつもよりグッと集中して、経典なり伝記などを読んでいると、どんな文章でも「たいがいおもしろい」、僕にとっては。この感覚は、あまりうまく言えないけれど、今までの人生のいろいろな場面で、意外と役に立っていることだ。そして「今」というこの時期も、とにかく過去を振り返るよりも、未来を見つめるよりも「目の前」のことに集中しようとすることで、ペースをつかみかけているような気がする。

また今まで、なにげなく大切にしていた「とりあえず誤答でも答えておく」という信条を思い出した。これも学生時代の仏道修行で「繰り返し」の多い行為をする中で、曖昧ながら身につけた感覚だった。修行の中で、ふと何かを忘れてしまって、すぐに何かを見れば答えがわかる、なんだったかなぁ、ということがある。そういう時、わからないままで「答え」を見るよりも、まずは試験にたとえるならば空欄にせず、「誤答」でもいいから、一生懸命考えて「答えておく」。そういうふうにすることだ。するとけっこう、考える訓練になるし忘れにくい。

これはもうすこし具体的な仕事の場面、人生の場面で、「答えが何か」なんて誰から見てもはっきりしない場面でも、そうするようにしている。ある「問い」が発生したら、そのつど、それに対して、いちいち答えてみる。「チーム」（複数）で答える場合でも、「ひとりで答えるとしたら」どう答えたか、チームの意志がはっきりする前に、考えておく。それが誤答であったとしても、それはとても大事なことではないかと思う。

「演仏堂プロジェクト」のすべてが正解だとは僕も思っていない。細かい後悔はあげだすとキリがない。でも、自分が大切にしてきた「誤答でも答えておく」という信条は守った。苦しくても「答えた」。そのことが、「次」の力になることを僕は信じている。

経験を過信しない

今回のプロジェクトは自分にとって、大きな経験になった。

また坊さん、住職になり十年たち、「経験」をもとに、誰かを注意したり、ある意見に反対したりする場面も増えてきた。

しかし自分自身の手痛い失敗を省みても、強く思うのは「経験則のみで語ってはならない」という実感だ。「経験」というのは、とても強い。とくに自分が、他の人があまり経験できないことを経験したりしていると、まるで自分こそが、それについてすべてを知っているかのように語ってしまい、また、経験をしていない他の人も反論をしにくい場面がある。しかし、今までの「経験」を振り返ってみると、「これは私のいた会社ではね、これで当たり前なの」だとか「僕のいた業界では、常識だよ。困ったなぁ。頼むよ」なんていう人の言うことを聞いて、「あっ、よくよく考えると、聞くんじゃなかった」と後から気づくことが、少なくない。

「ひとが何かを或《あ》るものに依拠して〝その他のものはつまらぬものである〟と見なすならば、それは実にこだわりである、と〈真理に達した人々〉は語る。それ故に**修行者は、見たこと・学んだこと・思索したこと、または戒律や道徳にこだわってはならない**」

『スッタニパータ』七九八

やはり含蓄《がんちく》のある言葉ではないだろうか。「修行者は、見たこと・学んだこと・思索したこ

とにこだわってはならない」。経験はときに、何事にも代えがたい、大切な要素になりえるけれど、同時に、その「ごく一部」しか、経験していないことも事実のはず。なので、ときには「自分が経験者である」という過信が、足かせとなる場合もある。それは自分にも突きつけておきたいことだ。今、僕たちが経験していることは、「いつか見たものと似たもの」でありながらも、場所も細かい設定も時間も違う、「違うもの」「まったく新しいもの」であり続けるはずなのだ。

「環境」の強い力

「演仏堂プロジェクト」のひとつのテーマは、栄福寺という場所の持つ「環境」としての力に、新たな熱源を加えるということだった。

そんな頃、新聞の子ども欄に取材を受けることがあった。心理的に負担を感じている子どもや、やり所のない感情に悶《もだ》えている子どもたちにメッセージをもらえないだろうか、そんな依頼だった。僕が伝えたかったのは、やはり「環境」についてのことだった。

「今、自分が囲まれている環境、人がすべてではない。受け手が変われば、また〝変えれば〟、なにもかもが変わる場合もあるのだから、今いる環境がすべてと考えないでほしい。チャンスはまだまだある」

というようなことだった。あらゆる意味で、人は「環境」に強く影響される。

「そもそも**環境は心に従って変わるものである。**心が汚れていれば環境は悪くなる。**心は環境につれて動いて行くものである。**環境が静かであれば心は清らかとなる。心と環境が自然と合致して、万物の根源である道とそのはたらきである徳とが存在することになる」

弘法大師 空海『遍照発揮性霊集』巻第二 現代語訳

「夫《そ》れ境は心に随《したが》いて変ず。心垢《けが》るれば則《すなわち》境濁る。心は境を逐《お》いて移る。境閑《しずか》なれば則ち心朗らかなり。心境冥会《めいかい》して、道徳玄存す」

（漢文書き下し）

弘法大師もこのような言葉を残されている。空海にとって、環境とは自身の心が作り出すものでありながら、その心も環境によって動いていく、という相互的で流動的な分かちがたい存在であったようだ。

僕自身も、環境の影響をかなり強く受ける性格で、その分、身の回りや関わる人には、注意しなければならない、といつも気に留めながらも、逆に言うといい影響も受けやすいので、便利に、有意義にこの性格を使うことも少なくはない。

しかし視点を変えてみると、「自分自身」も誰かにとっては、〝環境のひとつ〟だ。自分が、笑顔であったり、ワクワクしたり、静かで穏やかな気分でいることで（逆の状態のなんと多いこと）、それも「環境」となって、自分を含めた周辺の人や場所に影響を与える。そのようなことも、じっくりと味わいながら、観察してみたくなった。

人から、いろいろ「いい感情」を今までプレゼントされてきたのだから、これからは、自分も「熱源」となって、誰かに何かをプレゼントしたい。そんな気分になっている。そして「坊さん」という役割を通しても、温かな「熱源」になりたい。

境内の照明に灯がともる

プロジェクトの最後の仕上げとして、東京スカイツリーの照明デザイナーでもある戸恒浩人《とつねひろひと》さん（シリウスライティングオフィス）による境内の照明に灯《ひ》がともった。僕が住職としてお願いしたのは、「今までの妖《あや》しさ、怖さを大切にしながら、デートに来てくれるような雰囲気に！」という難題。でもシンプルで温かい「光」で、それを見事に実現してくださった。はじめて灯がともった夜、LEDと充電式電池、いくつもの日本の和紙でつくってくださった、こちらもプロジェクトの成果である「新しいあんどん」を手にして、子どものように境内を歩き回った。

それはまるで「演仏堂プロジェクト」の誕生日ケーキのろうそくに、火がつけられたような風景だった。

密成訓

一、「当たり前」「ふつう」に「私」を混ぜる。

一、なにか一点に集中すると「たいがいおもしろい」。

一、問いが発生したら、「誤答」でも答えておく。

一、「経験」のみで語らない。今ここは、すべてが新しい。

一、自分自身も誰かにとっては、「環境」である。

IV

坊さん、父になる。

慈悲と死のワークショップ

——立ちつつも、歩みつつも——

第10話

からみ合う生と死。〝気をつけて〟生きる

「仏教って、〝いいこと〟をすることなんでしょ？
なんだか私には難しそうだ……」
なんて話を聞くことがあります。
仏教には驚くほど理知的であったり、
逆に生活や習慣と混じり合った側面があります。
でもたしかに、善行のようないわゆる〝いいこと〟が、
仏教と関係ないかと聞かれると、
そんなことはもちろんありません。
このシンプルで難しい「いいこと」や
「慈悲の気持ちや行動を持つこと」を、
僕自身が、どのように感じているのか、
ちょっとお話ししてみようと思います。
一見、無関係にも思える〝死を抱えていること〟や
〝個を持っていること〟とも、関係があるような気がして。

仏教の「慈悲」と「死」

これからの自分の生き方、坊さんとしての役割をイメージする中で、どうしても自分で考えておきたいことがあった。

それは、「慈悲」と「死」についてだ。「仏教は〝いいこと〟を薦《すす》めるだけのような道徳ではない」。そんな言葉に今よりも若い頃は、惹《ひ》かれることが多かった。しかし今、他者を思う「慈悲」も仏教の本丸だと思う。そしてそこには、僕が繰り返し考えてきた「死」という大きなテーマも近くに横たわっていると感じる。

そこで、「慈悲」と「死」をテーマにして、「仏の教え」そのものというよりも、「仏の教え」というものをひとつの「きっかけ」として「ヒント」として、こんなことも考えられるんじゃないかな、ということを自分なりに感じてみたい。

仏教はなにを目的としているのですか？　という質問をされたとしたら、「さとりによって、再び生を受けないこと」（なんだか、すごいですね）という答えが、僕が受けた教えに則《のっと》ると、しっくりくるように思う。もっとできるかぎり身近な言葉を探すとしたら「本当の意味での

〝うれしい〟〝リラックス〟〝しあわせ〟をみんなで実践しよう、探そう」というのも間違いではないだろう。

そこで、頻繁に登場するのが慈悲、「他者のために」慈しみをもって、楽を与え苦を除くという精神で、〝仏教といえば〟この、慈悲の実践としての利他《りた》（他人を利する）行《ぎょう》のことを思い浮かべる人も少なくはないように想像する。慈悲は仏教の中ですこぶる大きな存在だ。

「立ちつつも、歩みつつも、座としつつも、臥《ふ》しつつも、眠らないでいる限りは、**この（慈しみの）心づかいをしっかりたもて**」

『スッタニパータ』一五一

こういった仏の教えを耳にすると、「あっ、道徳のような話だね」と、勧善懲悪《かんぜんちょうあく》のような、わかりやすくて実行が難しい話だと感じる人が多いようだ。しかし、僕はこの「慈悲」を個人的にもっと展開させて考えることがある。何度も繰り返すけれど、あくまで「ヒント」として「仏教の慈悲」を用いて。

僕にとって、初めて仏教、宗教の存在が気になりはじめた理由に、子どもの頃に出会った「死」の存在があった。いつしか人は気づきはじめる。「ああ、自分はいつか死ぬのだ」。そう思うと、恐怖というよりも、自分が死んで「いない」状態がうまく想像できず、そもそも、その〝いなくなる〟「私」という「個」は、僕たちが一般的に考えているものとは、ちょっと違う手触りをもった対象ではないかと思うようになった。おそらく、仏教のある側面も同じような問題意識をもっている。

最近、チベット密教の古い死の技法を知る機会があった。

「死者の心にこの教えを刻み込むためには、外呼吸が止まる前に、教えを死者の耳元で何度も繰り返すべきだ。そして、外呼吸がまさに止まる瞬間に、身体の右側を下にした状態で死者に獅子《しし》の姿勢を取らせて、首の血管の脈の流れを押さえつける。（首のところにある）眠気をもよおす左右二本の脈管の脈を断ち切るように、力強く押さえ続けること。すると脈管に流れる風が中央脈管へと入り、逆流できなくなる。そして、死者の意識は、頭頂のブラフマ孔を通って、確実に抜け出ることができる」

『現代人のための「チベット死者の書」』ロバート・A・F・サーマン、鷲尾翠訳、朝日新聞社

これは仏教全般を範疇《はんちゅう》にする教えでは、もちろんないけれど、なんとまぁ、具体的な死の体系を持っているのだと驚いた（だからといってすぐれた師についてない方が、安易に実践できるこ

とではないことを、強く注記しておく。もちろん！）。

生命の「本能」のようなものは、いつも「個」を守ろうとしている。それも僕は「個」がある（あるように感じる）大きな理由のひとつのように感じる。つまり、種の生命を守ろうとするならば、各々が「個」を持っていると感じたほうが、都合がいい側面もあるように思うからだ。だから、僕たちは死を強く恐れる。じつは、この「恐怖」も機能だろう。

しかし、どうやらその「個」が肥大しすぎると、どうにもあらゆる意味で「うれしい」「リラックス」につながらない、と論理的にときに直感的に感じた人がいたようだ。そこから「個」という存在自体に対する疑念が生まれる。それは倫理ではなく存在論であり、論理だ。だから仏教では、ある意味で「個」を保ちながら、同時に「ある個」を大がかりに解除しようとした。その野心的な問題意識を、僕は「格好いいな」と思う。現代でも子どもの「お宮参り」や伝統的な巡礼が意外と残っているのは、そういった「個」を超えた存在の必要性、真実性を無意識に認識しているから、なのだろうか。

たとえば「怒り」という感情にもさまざまな側面があるけれど、そこには「俺の生命を脅かすと、お前の個の生命を脅かすぞ、消すぞ」という恫喝《どうかつ》のサインとしての機能があるはずだ。

仏典には怒りをたしなめる記述が本当に数多くみられる。それも、どこか「個」に対する関連で僕は考えることが多い。

「修行僧らよ。ジャスミンの花が萎《しお》れた花びらを捨て落とすように、**貪《むさぼ》りと怒りとを捨て去れよ**」

『ダンマパダ』——法句経——三七七

「修行僧」らは怒りを捨てることで何を見つめようとしたのだろうか？　それも「個」に関連した話題ではないか。ちなみに僕の学んだ密教では、怒りに満ちた形相の「憤怒尊《ふんぬそん》」の姿が数多くあり、これは「なぜ行くべき道を行かないのだ！」という〝哀しみの怒り〟を彷彿とさせる。

慈悲の実践、他者のために行動することは、論理的に考えても自分を利することになる、ということを、僕は師から繰り返し伝えられた。それは、本質的にみると真実だなぁと感じることが多い。

しかし、僕たちのような、ちょっぴり（いや、かなり）情けない〝ふつう〟の人間は、なかなか現実の瞬間、瞬間には「理想的」ばかりには、動けない場面が多い。僕はそうだ。

つまり自分の頭の中では、「ああ、ここで他人を利すると自分が損するな」と考え行動している自分を発見してしまうことがよくある。

「慈悲」による死のワークショップ

ここからは、さらに個人的な暴論の水域に入るかもしれないけれど、〝いつも〟は無理だったとしても、ときに自分の利益を（一見）度外視して行動してみることが、「死のワークショップ」とでも呼べるようなポジティブな行為になりうるように考えることがある。これには、すこし説明が必要だろう。

死によって、私たちの「個の結び目」のようなものは、ある程度ほどける。そして自分の利益を超えて、他者を利するという行為の中でも、その「ほどけ」をおぼろげに体感することがある。その時、「慈悲は〝死のワークショップ〟〝ほどけるレッスン〟のようにも個人的なアイデアとして用いることができるな」と思った。

「**〝一切の事物は我ならざるものである〟**（諸法非我）と明《あきら》かな智慧をもって観るときに、ひとは**苦しみから遠ざかり離れる**。これこそが人が清らかになる道である」

これは暴論ではなく、仏教のすこぶる大切な考え方だ。

自分が感じたことと、仏典を照らし合わせて受けとると、「個の結び目」は死によってほどけるばかりでなく、今、生きているこの時間にも、さまざまな形に変化しながら結び合ったり、ほどけたりしているはずだ。つまり僕たちは生きながらにして、ある角度からみれば〝生まれたり死んだり〟している。そして、そのことは、あらゆる存在があらゆる「関係性」との相互作用の中でこそ成り立っている「空《くう》」の思想をも喚起するものだった。

〝慈悲〟は、「死」にも「空」にもつながった話題のように思えて、なにか、私たちがいつか包まれる「死」という存在、今、意識の中で感じている「個」というものに対する「揺り動かし」の力があるようだ。

「慈悲」は、とても難しい。しかし、その行為はとても多面的な意味があるように思う。ある場面なら、ある時間なら、というふうに限定的であっても、そのような「贈りもの」を他者や自分に向けて放射できるチャンスはないか、そのような機会を窺《うかが》う「姿勢」はとっておきたい。まるで「死」や「空」のワークショップを体験するように。そして、その中で生まれてくるはずの〝新しい個〟は、どのようなものなのだろうか。

「本来具《そな》えている清浄な性質をわきまえず　長く流転輪廻《るてんりんね》する三界の中で迷妄のうちに眠りこけ　永く四匹の毒蛇が巣くう**野原のような身体に執着してきた**」

弘法大師 空海『遍照発揮性霊集』巻第一　現代語訳

【本覚の源を知らず　長く三界の夢に眠りて　長く四蛇の原を愛す】

（漢文書き下し）

「自分」という「個」に執着のまったくない世界、それは今の僕にとって想像できないほど遠い感覚ではあるけれど、それを垣間見た瞬間、自分の心の中にどのような光が走るのか、そのことを仏教が伝えようとしてきたことは、心の中に留めておこう。

「この世のあらゆる楽、それはすべて他者の楽を望むことから生じる」

八世紀の高僧、シャーンティデーヴァの言葉

仏法はいつも生活の中に

仏教の説話にこんな話がある。

道を志した僧侶が、山の中にこもり「慈悲の瞑想」を何年も修行していた。ある日、偶然旅人がそこを通りかかり僧侶にたずねる。

「あなたは、なにをしているのですか？」

当然、僧侶は答える。

「慈悲の瞑想をしているのです。もう、何年にもなります」

旅人がそこを通り過ぎた後、瞑想している僧侶のほうを振り返って、大きな声で叫んだ。

「あほか！」

すると僧侶は、猛然と怒り狂い、その旅人をダッシュで追いかけはじめた！　彼は何年もかけていったい、なにを修行していたのでしょうか……。というお話だ。

この説話のメッセージは、おそらく「修行の目的」は実際の生活に活かすことだよ、というものだろう。

仏の教えの実践の場面は、人々の住む街や通りの中、つまり生活の中にこそあることを、いつも思い出したい。そして、そこには「敵」ばかりではなく、あなたの心強い「味方」だってたくさんいるはずだ。

「師は答えた、〝アジタよ。世の中におけるあらゆる煩悩の流れをせき止めるものは、**気をつけることである。**（気をつけることが）煩悩の流れを防ぎまもるものである、と私は説く。その流れは智慧によって塞《ふさ》がれるだろう〟」

『スッタニパータ』一〇三五

この言葉の主題は「その流れは智慧によって塞がれるだろう」の部分であると理解している。しかしここで僕は、「気をつける」という言葉に目が行ってしまった。多くの生活の場面の中で、「マジカルないい方法」なんて、ほぼない。リラックスして全身全霊で「気をつける」。心のどこかにメモしておきたいアイデアだ。そしてこれは、「慈悲の実践」にも大切になりそうなトピックだ。「慈悲の実践」の中で、もっとも「気をつける」ことは、自分がいいことをしているという慢心と油断だろう。

友人との別れ際、「気をつけて」と言ったこと。言ってくれたこと。そんなことを思い出し、「人間って馬鹿のようでえらいのである。時々、その逆なのである」とバカボンのように僕は指を虚空《こくう》に向けて指し、にやけた。

密成訓

一、「私」という「個」は、普段ふつうに感じているものとは、すこし違う。
一、個が肥大すると、あらゆる意味の「うれしい」「リラックス」につながらない。
一、慈悲の実践は、「死のワークショップ」とも言えるような側面を持っている。

内包する死

——変化が現れてくる根源——

第11話

死者の世界にお邪魔する

お坊さんの生活の中では、「人の死」と出会うことが、とても多いです。年に何件もお葬式に行き、死者の供養をする中で、必要以上に「死」について考えすぎたのか、心理的に負担を感じる時期もありました。

「僕たちは、住職の言葉を聞いて、前を向けたりすることもあるのですが、住職は、こういったことの連続で、自分自身は大丈夫なのですか？」

そんな言葉を、四十九日の法事を終えた檀家さんから伝えられ、はっとしたこともあります（ごく最近のことでした）。

でも、考えてみると僕が「坊さん」になりたいと思ったのは、「人が死を抱えていること」と、じっくり向き合いたかったから。

これからも、むしろ、そのことを正面から見つめたいですし、「死」という存在の意味をみなさんと分け合って、考えるきっかけにしてほしいと思っています。

「坊さんであることが好き」

この夏も「お盆」のお参りに行ってきた。お盆には檀家さんの家を一軒、一軒、訪れて仏壇を拝む。栄福寺はすこし特殊で、檀家以外の地元の「八幡」地域の多くの家もお参りし、その中には浄土真宗のお寺の檀家《だんか》も曹洞《そうとう》宗のお寺の檀家もある。

すこし元気を失っている日々の中でも、いろいろな家を訪れて、家ごとにおもむきの違う仏壇に家族の人たちと一緒に手を合わせていると、「ああ、僕は〝日本のお坊さん〟であることが、好きなんだな」と、なんとなく、それでもけっこうずしんと感じた。これは、じつはほぼ毎年感じる感覚なのだ。もちろん他の国のことはほとんど知らないし、さまざまな批判を受けることも多い僕たち日本の「坊さん」ではあるけれど、形を変えながら「今」に伝わる習俗に、登場人物としてひょっこりと顔を出し「祈り」、「場」を一緒に曖昧につくりあげる。そのことが好きなんだと思う。それは僕にとってとても大切な感覚だ。

街中を法衣姿で何日か運転していると、たまにすれ違う知らない人から、運転中にもかかわらず「会釈」をされることがある。どうしてだろう。①「坊さん」は、じつは、尊敬されている。②「坊さん」は下手《したて》に出ないとめんどくさい人種だと思われている。③じつは少なくはない人たちが、車ですれ違う人、全員に会釈している。

うーん。どれもけっこう、いい線ついている気もするのだけど、真相は藪《やぶ》の中だ。あなたもまさか「全員に会釈する派」だろうか。そうだとしたら交通安全上、他の方法を強く推奨する。

檀家さんの家を訪問していると、受験を控えた息子さんを持つお父さんから、成績表に弘法大師の言葉を書くようにお願いされたり（最後の仏頼み？）、お盆に家に帰って、家族と坊さんと一緒に仏壇に手を合わせることを目標に、厳しいリハビリを病院でしてきた入院中のおばあさんの迫力に、胸に迫るものを感じたりする。

仏教が内包する生と死

今年は、残念なことに亡くなった檀家さんが、檀家数の少ない栄福寺の中では例年より多く、何軒かのお宅で「新盆《あらぼん》」（亡くなってはじめて迎えるお盆）を拝むことになった。新盆では、親戚も集まってくることが多いため、僕は短めの法話をすることにした。

そこで、いろいろな説がある「お盆」のルーツについて話しながら、

「お盆は、ご先祖様が帰ってきてくれるとみなさん考えて、迎え火を焚《た》いたり、精霊棚《しょうりょうだな》を飾ったりしていると思います。でも僕はふと思ったんですが、ある意味では、むしろ僕たちのほ

うが、亡くなられた人たちの世界に〝お邪魔している〟期間なのかもしれませんね……」ということを話していた。仏教的な意味合いではなく、僕がそう感じたので、仏教の法話に織り交ぜて話してみた。そして、そのことを自分でもしばらく考えていた。

仏教は「死」に関する言葉や思想を今に多く残していて、僕が感じるには「生きながらにして、死を内包しようとする」側面を持っているのではないだろうか。仏教において提示される「欲望」や「執着」への注意喚起などをとっても、「生きながらにして、生を、おだやかにする」側面を感じる。その時、僕は漫画『北斗の拳』のいい読者ではないけれど、かのケンシロウの名言（らしい）「お前はもう死んでいる」という言葉をふと思い出す。

仏典の中でも、僕たちが死を抱えていることに関する言葉が少なくはない。

「〝わたしは若い〟と思っていても、死すべきはずの人間は、誰が（自分の）生命をあてにしていてよいだろうか？　**若い人でも死んで行くのだ。——男でも女でも、次から次へと——**」

『ウダーナヴァルガ』—感興のことば—第一章八

「山から発する川（の水）が流れ去って還《かえ》らないように、**人間の寿命も過ぎ去って、還らない**」

『ウダーナヴァルガ』—感興のことば—第一章一五

葬儀を司《つかさど》る「坊さん」をしていると、先週会った人、子どもの頃からお世話になっている人、まだとても若い人たちの「死の知らせ」が次々に届き、この仏典の言葉が真実であることを何度も突きつけられる。

またこの言葉は一見、「いつか（あるいは、いつでも）私たちが死ぬ（死に得る）」という歴然たる事実のみを指し示しているけれど、「死を内包して生きようとすること」も同時に指し示しているように思う。「いつでも死に得る」存在であるからこそ、「生きながらにして死を抱え」、その中で「気づき」を得る。そのような示唆も感じる。

「死」を繰り返し思い浮かべる

あるチベットの僧侶の説法を聞いている時に、「まずは、自分が〝苦しんでいる〟ことを知りなさい。〝私は苦しんでいない〟などというのは、勘違いです。その苦しみを細かくチェックするのです」という意味のことを言われていたと記憶している。

それと同じように、僕たちが「死を抱えている」ことを繰り返し、考え、思い浮かべることの重要性を話された。そのことは、心がウキウキするようなことではないけれど、大切なことなのかも、と思い浮かべる。

死者を迎えながら、同時に「死者の世界にお邪魔する」。思わず口にしたこの言葉は、「そんな死を感じる期間、時間があってもいいんじゃない?」、そのことを僕の心身が言いたかったのかもしれない。

これは、なにも「仏教」にのみ語られることではなく、中国の伝統宗教である道教の研究者もこんなことを語っている。「いろいろ苦しい状況が出てきた場合には、自分を死の床に置き、この世から消えていくときの自分を基準にしながら、この自分にとっていったい何が本当に必要なのかという問題を考えなさい」(『飲食男女―老荘思想入門―』福永光司、河合隼雄、朝日出版社)。そしてこの方は学生の時に、絶望的な気分になると深夜に巨大な墓地を訪れじっと座り、星空を眺めたとのことだ。また、教鞭《きょうべん》を執るようになってからも、受験生にそれを勧めたというエピソードを紹介されている(受験生が大量に墓地をウロウロしている風景を想像すると、ちょっと怖いけれど)。

たしかに本気で自分を「死の床」に置いてみると、今まで漠然とイメージしていた「目標」や「夢」とは違った存在が、浮かび上がってくる。少なくとも僕はそうでしたが、みなさんはどうだろうか。

たとえば「君」が死んだら

さらに僕が自分を奮い立たせようとした時、こんな言葉をイメージした。それは「たとえば〝君〟が死んだら」という言葉だ。それは自分だけでなく「誰か」も死の床に置いてみるということ。

自分の身の回りにいる人や関わってきた人は、ほとんどの人にとって「愛《いと》しいだけ」の人ではないだろう。実際に生活を送っていると、カチンと来ることもあるし、考え方や言動に強烈に違和感を感じることもある。そして、それが家族や親友などの近しい関係であればあるほど、その「悲しみ」は深いものとなったりする。

しかし、ふとイメージの中で「もし、今、その人が死んだら」と考えると、「あんな風景を一緒に見たかった」「あんな気分を一緒に味わってみたかった」「こんな笑顔を見たかった」という感情が溢れ出てきた。そして、「今、やんなきゃな、それ」と心から思えることが、いくつかあった。残念ながらいくつかの場合、その「君」は、すでに僕の周りにはいない。しかし、むしろそこにヒントを得て「今」を見ようと思う。それがたまらなく切ないことであったとしても。

僕は、「とてつもなくつらい死の場面」に遭遇することの少なくはない役割に、身を置いている。そんな時、どのような言葉をかけたらいいかわからなくて、しかし自分なりに渾身の力を込めて「〝死なないでほしい〟というのは、〝生まれないでほしかった〟〝出会わなければよかった〟ということと同じことかもしれません」という意味のことを、何年か時を経た後に話すことがある。「生」と「死」は究極のセットメニュー。死なないということは、生きないということ。

「上でもなく下でもない不可思議の変化とは、作られたものでもなく作られないものでもない一心という本源的な存在と、二つではないもの（対立を超えたもの）の中のさらに二つではない本源的な存在とは、もろもろの迷いの議論を越え、**もろもろの相対的思考を絶している。考えることが困難な本源であり、変化が現れてくる根源である。**それゆえ、上でもなく下でもない不可思議の変化という」

弘法大師 空海『大日経開題』現代語訳

【非上非下神変とは、非有為《うい》・非無為の一心の本法と、及び不二が中の不二の本法とは、もろもろの戯論《けろん》を越えてもろもろの相待を絶す。難思の本、変化の源なり。故に非上非下神変といふ】

（漢文書き下し）

大変、難しく聞こえる弘法大師の言葉だ。僕はふとこの言葉の部分、部分から「生と死」のことを思い浮かべた（直接的にはそういう言及のない箇所だけど）。上でも下でもない不思議な存在。究極の「ふたつでない」本源的な存在は、もろもろの相対的な考えを超えてゆく。〝考えることが困難な本源であり、変化が現れてくる根源〟。

「生と死」は、僕たちが頭で考えたり、思考するものというよりは、もともと離れがたく結びついた、渾然《こんぜん》一体としたものなのか、そんな問いを自分に発した。

坊さんの仕事の根っこ

僕はずっと、たとえば、野球選手が野球をするような、出版社が本を作るような、医者が患者を回復させるような「根っこ」って、今、日本に住むお坊さんにとって、なんなんだろう？ということを、考えていた。それは、たぶんいろいろな種類があるのだと思う。

でも、最近になって「仏教の教えを聞いて、知って、おこなって、そのことで自分の心に、リラックスや平安といった変化をもたらすこと。そしてその変化を他の誰か、なにかにもチャンスがあればもたらすこと」なのかな、と考えていている。「そんなこと当たり前だろ？」と言われれば、そうですよねと答えるしかないのだけど、けっこうこれも自分にとって腑《ふ》に落ちる経験だった。みなさんの役割や仕事にとっての「根っこ」って、どんなものだろうか。
なにか大切なことを、心を落ち着けて考えるべき時、世間で当たり前に考えられているようなことを、すっと「考えずに」そのまま流してしまうことは、いい予感がしない。
たとえば、仏教の教えは「東洋的である」とよく表現される。「東洋的」とか「西洋的」といった言葉からは、通常「東洋的」には神秘的でマジカルな印象を持ち、「西洋的」には合理的で理知的なイメージを持つことが多い。しかし当然ながら宗教の世界に身を置いていると、「東洋的な合理性」や「西洋的な神秘性」に遭遇することがとても多い。
そんなことからも「自分でも、まっさらから考えてみる」ことの大事さを感じている。

「身体と言葉とは同じではないけれども、平等であって、異なるのではない」

弘法大師 空海『大日経開題』 現代語訳

「身語不同なれども平等にして異ならず」

(漢文書き下し)

最近、「わっ」とお腹の中に飛び込んできた言葉だ。「身体と言葉は異なるものではない」。

こんな言葉も「学び」ながら「まっさらから自分で考える」ことをしなければ、出てこない言葉のように思う。

仏の教えは、教条的な教えから示唆を受けることだけではなくて、「おーい、世間に流されすぎず、自分の頭と体でも考えるんだよー」という、「揺り戻し」の力も与えてくれる。

そんな日々の中で、僕はなんとか心と体のペースを取り戻そうとしていた。

密成訓

一、「生」と「死」は究極のセットメニューで、単品では注文できない。
一、「死を内包して生きようとする」ことを見つめる。
一、世間で流布《るふ》している言葉だけでなく「まっさら」から自分で考えるクセをつける。

そこにはまだある

——ただ現在のことだけで暮らしている——

第12話

〝ゆるす、なだめる〟状況打開のヒント

「なんとなく流れを変えたいな……」

そういうことが、たまにありませんか？

僕にはよくあります。

そういう時に、仏の教えをヒントに、

なにかできることはないでしょうか？

よく考えて振り返ってみると、僕自身、無意識に仏教の智慧に

助けられたことがけっこうあるみたいです。

もしよろしければ、みなさんも、試してみてください。

冒頭は、「ニューバリカン」のお話ですが、

ずっと坊主頭にしていると、時々女性から、

「楽でいいなぁ。私も坊主にしようかな」

と言われますが（本当によく言われますが、実際にした人を

見たことがないです）、けっこう、〝坊主も楽じゃない〟のです。

ニューバリカンを購入する

先ほど車を運転中に「黒い法衣を着てスクーターで疾走するお坊さん」とすれちがったので会釈をしたら、「黒いワンピースを着た体格のいいおばさん」の間違いだった。油断は禁物だ。でも会釈を返してくれた。ありがとうございます。

生まれてきたものは必ず滅するものだ（生者必滅《しょうじゃひつめつ》！）。

僕は「坊さん専用カタログで買ったバリカン」を持っているのだが（拙著『ボクは坊さん。』に詳しい）、そのバッテリーが使えなくなってしまった。「あ、そう」などと、気楽に言わないでいただきたい。なぜならバリカンの充電式バッテリーが「終わる」ということは、いつもは元気に動いていたバリカンが、散髪（剃髪《ていはつ》）の「途中」で息絶えることを意味するからだ。

その日の夜、僕は明朝の儀式に向けて上半身裸、下半身パンツ一枚で剃髪をしていた。バリカンを使いはじめてものの三分もしないうちに、静かにバリカンは動きを止めた。

「まだ半分しか剃《そ》ってないんですけど！」

もちろんバリカンは答えてくれない。考えてみたら、二十四歳で住職になって以来、十年近く僕のために働き続けてくれたのだ。僕は呼吸を整え深呼吸をすると、風呂に入っている間、充電してみようと思い、しばらく充電して再びスイッチオン。今度は三十秒ぐらいで、ピクリとも動かなくなった。

「こ、このままでは、なんとも中途半端な髪型のままで朝を、そして儀式を迎えることになるじゃないか！」

虚空に向けて僕は考えると、解決方法を模索した。夜なので、散髪屋さんは開いていない。思いついたのは、愚直で原始的な方法だけだった。

(五分ぐらい充電するたびに十秒ほど使える。それを僕はひたすら繰り返すしかないんだ)


「やるっきゃない」


自分に向かってつぶやきながら、実際に途方もない永久運動を繰り返す。考えてみたらカミソリで剃ってしまえば、なんの問題もないのだけど、僕は肌が弱いし、じつはやったことがないので怖い。

翌日、儀式を無事終えた僕はバリカンメーカーに電話をかけて、新しいバッテリーを注文することにした。

「すいません。充電バッテリーが終わったので、新しいバッテリーを注文したいんですが……」

「はい、はい。バリカンの品番をどうぞ。えっ、その機種はもう製造してないですよ。専用バッテリーが切れたら、新しいバリカンを購入するしかないですね。バリカンの〝刃〟は使えますので」

なんということでしょう。大量生産、絶版の波は出版業界だけでなく、バリカン業界にも来ているのだ。でも、十年使ったんだからと気をとりなおし、再び思いを巡らす。

「オレ、ついでに新しい〇・五ミリの刃も買っちゃうもんね！」

そうなんです。僕は今まで一ミリの刃と〇・一ミリの刃を持っていたのだけど、一ミリだと「丸刈り君？」という若干長い感じになり、〇・一ミリだとツルツルすぎて、肌が痛かったり、荒れたりしていた。そこで折衷《せっちゅう》案的〇・五ミリの導入を心待ちにしていたのは、そうです、私です、愚弟ミッセイです。

しかも現行機種のラインナップを見てみると、「充電・交流両用タイプ」が鎮座しているではないか。つまり、つまりですよ（力が入る）、〝充電電池が切れても、コンセントをさすだけで、続きができる〟。そういうことなのだ。ああ、今そこにあるしあわせ。昨日の大惨事を前にしては、そう呼ばずして何と呼べばいいだろう。これだ、これしかない。

「これください」

しばらくして無事届いたバリカンを前にして、僕はほくそ笑むと、髪が「刈り頃」になるのを待った。

そして長い冬が明けた頃（そこまで待ってない）、新機種〇・五ミリにて剃髪開始、やはり新しい機種は動きも滑《なめ》らかだ。と思いはじめた矢先、再びバリカンが動きを止めた。「えっ、まだ使いはじめたばかりなのに！　はじめてだからかな」と戸惑いながらも、この瞬間をいつかは迎えたいと無意識に考えていた自分を発見した。続きを交流式、つまりコンセントに接続して使えば問題ないのだ。そのために、この機種を買ったのだから。

はやる気持ちを抑えて心静かにプラグイン、鼻歌交じりにご機嫌でハミングしながら、自信満々でスイッチオンした。

「ミンッ！」

バリカンは、そんな哀しげな音を〇・五ミリ、いや〇・五秒ほど鳴らすと、ピクリとも動かない。何度繰り返しても同じだ。ある四文字が僕の脳裏に不吉に浮かんだ。

「初期不良！」

僕ははじめて、「パンクロッカー」のようになった髪型のまま、眠りにつくことを余儀なくされた。

翌朝、サービスセンターのおじさんは、

「ああ、じゃあ数日後、お送りしますのでー」

と悠長な雰囲気だった。

「善《よ》いことばを口に出せ。**悪いことばを口に出さすな**。善いことばは口に出した方が良い。悪いことばを口に出すと、悩みをもたらす」

『ウダーナヴァルガ』—感興のことば—第八章八

そんな言葉は、もちろん示唆深いものだし、近年、社会全体がクレーマー化している雰囲気を感じ、またそれを「こころ」にとって窮屈だと感じている。最近、祖母がふとつぶやいていた「言葉というのは、取り返すことができないから、気をつけて使わないとね」という言葉にも深くうなずいた。

しかし、僕は思った。

(オレね、今、パンクロッカーなの。ふざけるなよ)

実際に言ったのは、

「あの、昨日、〝刈りかけ〟で、一晩過ごしたんです……」

というような言葉だったが、ただならぬ雰囲気を感じたおじさんは、

「申し訳ありません！　早急に代替わり品を用意します。そして充電器をもうひとつお詫びにプレゼントいたします」

ふつう、バリカンの充電器ってふたつも必要ないでしょ、と思わず心の中で突っ込みながらも、意外と便利かなぁ、いただいておこう、と考えはじめた自分を我ながら能天気な人間だと思う。

「なだめる」「ゆるす」という仏教の得意技

そんなコメディーのような日もあるけれど、この体調がすぐれない時期に自分が「怒ってい

る」時間が多くなっていることに気づいた。「体調が悪い」から怒っているのか、「怒っている」から体調が悪いのか謎だが、それは両方のような気がした。

そんな頃、「宥《ゆう》」という字を見つめる中で、ある「気づき」のような気持ちが湧き上がってきた。ある仕事でお坊さんの名簿をチェックしていたら、「宥」という字を使った僧名《そうめい》（お坊さんの名前）が、けっこうあることに気づいた。僕の知り合いにも宥健《ゆうけん》さんというお坊さんがいるし、歴史的な僧侶の中にも宥快《ゆうかい》さんなどがおられる。

この「宥」という字の訓読み、意味は「なだめる」「ゆるす」というものだ。

「世を問う」「汚れきった現代と戦う」。そんな言葉は、ときに受け入れやすく耳あたりもいいけれど、「人を〝ゆるす〟」「世を〝なだめる〟」、ゆるやかにする、寛大に処する、なだらかにする、そんな対処方法がとれる場面があるとしたら、もしかしたら実際にはそのほうが現実的に意味のある、つまり役に立つ思考方法になるのかもしれない、ということを心のどこかにメモのように記しておきたいと思った。

なにかをゆるす、なだめるということは、そのまま自分をゆるすことであり、なだめることだと感じたのだ。「ゆるさない」「煽《あお》る」たびに自分を追いつめている。

「僕たちはゆるせるはずの人を、ゆるしていないのかもしれない」

「私たちは、なだめられるはずの何かを、もしかしたら、むしろ煽っているぐらいかもしれない」

そんな問いかけを、仏教にヒントを得て自らに問いかけることは、なかなか悪くないことのように思った。そしてそれは「仏教の得意技」、ど真ん中でもあるはずだ。

でも、これは難しいことだ。「ゆるそう」「なだめよう」、言葉にするのは簡単でも、一見、退屈な坊さんの道徳的なお説教でしかない（ドキッ）。僕自身も、ゆるせないことは多いし、「ゆるさない」ことも心にしっかり残っている。そして、自分もそういう誰かにとって「ゆるせないこと」を、してしまったことがあるはずだ。

そうであっても、心落ち着けて「そんなに恨むことでも、騒ぐことでもなかったかな」といくつかでも思えたならば、それはチャレンジする価値のある行為だと思う。

「怒り」をチェックする

明らかに僕たちは「怒ったり」「煽ったり」する本能を持っていて、その本能を「ほったらかし」にすると、人間はオートマチックに「怒ったり」「煽ったり」する。それは「動物としての人間」をみた時、当然の姿だ。犬やライオンが怒ることを、僕たちは恐らく永遠に止めることができない。「怒り」には、機能がある。

はじまりの仏教が本来的に求めていたことは、そういった「怒り」の感情を根こそぎ除去しようとすることであり、時代を経て「大乗仏教」に展開してもその精神は保持された。

「千劫《せんこう》の間に積み重ねられた布施、善逝《ぜんぜい》（仏）への供養などの 善行の一切は **一つの怒りによってうちこわされる**」

『入菩提行論《にゅうぼだいぎょうろん》』忍耐の章冒頭、ダライ・ラマ十四世『ダライ・ラマ 怒りを癒す』三浦順子訳、講談社

そこで、まずは僕たちが、「怒り」を完全に除去することが難しくても、「私たちは、本来的に〃怒り〃や〃煽り〃といった本能を持っていて、それが〃ほったらかし〃だと、とても危険なものだと認識する」という現状認識自体が、じつはとても貴重な「確認作業」だと思っている。

心に余裕が出はじめた頃、僕がはじめていたことは、「怒って」しまった後に、それが必要な怒りであったたか、そうでないか、じっくり考えてみることだ。そういうことをやっているうちに、「無駄な怒り」の多さにすこし愕然《がくぜん》とした。

そして、話にならない的外れな非難を受けることは、誰にでもあるけれど、意外と本当に「カチン」とくる非難は、冷静に考えると「自分の痛いところを突いている」ということに気

づいた。「ああ、それって（ある部分は）本当にそうだなぁ」と「正当な非難」に対して胸を開きはじめると、「怒る機会」というのが、かなり減っていた。つまり、それは「自分の問題」だったんだなぁ、と思う。

「今、ここ」を繰り返し見つめる

ある脚本家の方と、ゆえあって数日間お寺で朝から晩まで時間を過ごすことがあった。普段は、ひとりで働くことが多いので、強く客観的に感じることは少なかったけれど、お坊さんの仕事というのは、本当に「同じことの繰り返し」が多いなぁ、ということをあらためて感じた。日々の読経、お供え、お遍路さんへの納経帳に「阿弥陀如来」と書くこと、掃除。けっして僕は勤勉な僧侶とも我慢強いお坊さんとも言えないけれど、それでも繰り返しの多い役割、仕事だ。

そこで、そういった「繰り返し」の作業に対して、自分がどのようなモチベーション、態度で臨んできたかな、ということを思い出すように考えていた。それが、これからのさまざまな困難な場面で解決のヒントになる時もあるように思ったのだ。

それは、ひと言で言うと、

「そこにはまだある」

と感じる、考える態度だ。見慣れた「繰り返し」の対象や行為を、心の底から、また目一杯身体を使って、見つめ尽くそうとする。「そこには、なにかが、まだある」と想像して、力を尽くす。すると、ほとんどの場合「そこには、まだ、なにかがある」のだ。工夫の余地や「おもしろさ」のすき間が。

そこまでやって、はじめて全身の力を抜き、「今、ここ」に焦点を合わせる。

「かれらは、過ぎ去ったことを思い出して悲しむこともないし、未来のことにあくせくすることもなく、**ただ現在のことだけで暮らしている。**それだから、顔色が明朗なのである。

ところが愚かな人々は、**未来のことにあくせくし、過去のことを思い出して悲しみ、**そのために、萎《しお》れているのである。——刈られた緑の葦《あし》のように」

『サンユッタ・ニカーヤ』第一篇第一章第十節二

「今、ここ、を見つめる」。そのような〝焦点〟を仏の教えは想起させてくれる。

僕たちにとって、未来はワクワクするものであると同時にひどく不安で怖いものだ。そして過ぎ去った過去は、正直に言うと、ときに悔しくてかなしい。そういったものから、逃れることはひどく難しいけれど、ほんのすこしだけでも「今、ここ」にしっかりと薫る「ここにあるもの」を見つける。「そこには、まだ、なにかがあるかもしれない」と想像する。そういう気持ちを僕は大切にしたい。

仏教の教えからコミュニケーションを考える

この時期、僕がどこか「調子が出ない」「体が重い」と感じていたのは、「人間関係」に思うような手ごたえが感じられなかったことも大きいと思う。これも「怒り」と同じように、「えっ、お坊さんなのに……」と意外に感じられるかもしれない。しかしお坊さん同士や、お寺に関わる檀家さん、信者さん、地域の方とのつながり、それは僧侶である僕にとって、大きなよろこびの種でもありながら、「自分はどう思われているだろう」「誰かの気分を害していないかな」という心配の種にもなったりしていた。

今から考えると、人と人との関係、コミュニケーションにずいぶん気を遣っていたんだな、と思う。そういうものをある程度、「あきらめる」しかないと心でわかっていても、「まったく気にならない」人は、むしろすごくわずかだろう。「坊さんは選べない」とよく世間では言われているが、大きな声では言えないけれど、「坊さん」もお寺を訪れる人を選ぶことができない。知り合いの僧侶は「坊さんやめたら、オレ、頑固親父がやる〈海の家〉の親父になる。そして客を選ぶ！」と言っていた。しかし坊さんだけでなく、多くの仕事や状況では相手を選ぶことはできない。

仏の教えにおいて、華厳《けごん》哲学の「存在論的関係性」（なんというややこしい呼び名！）と呼ばれる考え方がある。たとえば1、2、3、4の各要素は、物それ自体の本性（自性《じしょう》）というのはなくても、それぞれ同士の「関係性」がある。つまり1という存在は2、3、4との関係性で成り立っており、その「すべてが関係し合っている」こと自体が、1を1たらしめ、2を2にしているので、「関係性」を抜いてしまうと、なんにも存在できなくなる、と僕は理解している。そしてこれは、普段の生活でも活かせることだと思う。

弘法大師、空海にもこのような言葉がある。

——「あらゆるものの〔原因〕がとらえられないことを表しているためである。なぜならば、——

すべてのものは、常に変化しており、必ず何らかの〔原因〕があって初めて成立しているからである。当然、**（原因の原因をつぎつぎに尋ねていくと）最終的によりどころとなるような固定的実体のある原因など存在しない**ことが知られるはずである。したがって、〔無住（とどまることのないこと）〕をあらゆるものの根本であると説くのである。なぜならば、種々の方法によって、あらゆるものの〔因縁〕を観察すると、**すべてのものが固定的な実体のあるものから生じたものでないこと、すなわち〔不生〕であることが、判明するからである**」

弘法大師 空海『吽字義』現代語訳

【一切諸法因不可得の故に。何をもっての故に、諸法は展転《ちんでん》して因を待って成ずるをもっての故に、当《まさ》に知るべし、最後は依なし。故に無住を説いて諸法の本《もと》となす。然《しか》る所以《ゆえん》は、種種の門をもって諸法の因縁を観ずるに、ことごとく不生なるが故に】

（漢文書き下し）

一見、とても難解にもみえるが（そして実際、難解だと思う）、あえてシンプルに捉えてみると、すべてのものの原因をさかのぼっても、いくらでも無限にさかのぼれてしまう。根本的な原因などなかった。あらゆるものがあらゆるものと関係し合いながら、変化し続けていただけだった。という感触が心の中に広がってくる言葉だ。大乗仏教の神髄をあらわした言葉と言えるだろう。

そしてこれらの言葉を、身近な生活にぐぐっと引きつけて、あらゆるものが関連し合って動き続けているという認識から、僕は人間関係やコミュニケーションに行きづまった時、「まったく関係のないこと」を〝動かす〟ようにした。

たとえて言うと、ある人間関係がストレスになっている時に毎日ランニングをはじめたり、仕事の話がどうもうまくいかない時に、知らない作家の本を立て続けに読んでみたりする。そんなことが、意外と有効だったと思うのだ。

同じような意味合いで、世の中には「得意なことを主にする」人と「苦手なことも、する」人がいるけれど、僕は今まで「得意なことをする」タイプの人間だと自分を感じていた。これからも基本的に、そうしようと思っているのだが、たとえば一〇〇点満点で三〇点ぐらいしかできない分野のことが、三八点になった時に、関係性や物事が「ゴソッ」と動きはじめることに気づきはじめていた。

第一、そういうふうに感じていたほうが、苦手なことにチャレンジする時に勇気が湧く。そして僕がよくイメージする「小便までは、人に任せられない」という言葉が示すように、苦手でも、「あらゆる意味で自分でやるしかないこと」というものが、世の中には存在するのだ。

「先出しじゃんけん」の人間関係

そして、人間関係の閉塞感から本格的に抜け出すきっかけになったのは、「相手に気持ちよくいてもらう」ということに注力しすぎて、得意だと思っていた「自分のやりたいこと、やるべきことを常に確認する」ということが、かなり「ほったらかし」になっていることに気づいた時だった。これは仏教者としての態度を考えても、ちょっと違う気がした。仏教は、「私」を灯明《とうみょう》にせよ、と繰り返し発する教えだ。

そして「おもしろいな」と思ったのは、この「相手に気を遣う」という心理状態は、余裕がない時は、「自分だけが相手に気を遣っている」と無意識で考えてしまうけれど、ほとんどの場合、「お互いが、お互いに気を遣っている」状態にあるのだ。これはもちろん円滑な人間関係を保つために、当たり前に大切なセンスだ。しかし過剰になると「お互いが、ウソとウソを持ち合って」会話をしたり、仕事をすることになってしまう。

よし。〝先出しじゃんけん〟で、「自分の心を先に正直に語ろう、丁寧に」と前を向いた時、僕はなんとなく元気になっていた。

密成訓

一、「なだめる」「ゆるす」ことを心に留める。
一、自分の怒りを「チェック」する習慣を持つ。
一、日々、同じようなことの中に「そこにはまだある」という視点を持つ。
一、「うまくいかない時」は、まったく関係ないことを、動かしてみる。
一、人間関係では「先出しじゃんけん」を心がける。

立ち止まるな、あがくな

――「きみよ、あなたは激流をどのようにして渡ったのですか？」――

第13話

子どもを授かる

「仏教の話」をしていると、
どうしても「心の中」の話をすることが多くなります。
「もっと、もっと現実を行動で変えていかないと、意味がない」
そんな言葉を聞くと、「そうだなぁ」と思います。
そして仏教でも、学んだことや修行したことを、
「現実に」活かすことをとても大事にします。

でも、と僕はふと立ち止まって考えたくなりました。
「〝心の中の思い〟も、現実の僕じゃないかな？」
そんなお話をお伝えします。

それにしても「仏教の言葉」って意外に生活の中に、
いっぱい残っていますよね！
そんなお話も。

不思議なお坊さんの「隠語」

栄福寺に新しい筆が何本かやって来た。お寺にとって「筆」は必需品で、塔婆《とうば》を書いたり、葬列の旗を書いたり、お遍路さんの「納経帳」に本尊名を書いたり、とにかくよく使う。子どもの頃から字が苦手だった僕も、書道の先生についてお稽古を何年もしていた。今は墨汁があるけれど、祖母が働き盛りの時代（何十年も前）には、「まず、墨をする」というのが、お寺での一日の仕事、すべてのスタートだったとのことだ。

新しい筆の包装を解くと、筆の「名前」が刻み込まれていた。その名前は「微妙」。そう、「微妙」という言葉はもともと、「美しさや味わいが何ともいえずすぐれているさま」ということで、「仏法とそれをさとる智慧の深遠ですぐれたさま」という意味もある（仏教語では微妙《みみょう》と読むことが多い）。

しかし今、ふつうに使うとしたら、「おいしい？」「……微妙《びみょう》」という感じで、まさにビミョーな、どっちともいえない、少なからずネガティブな意味もあるように使うことが多いので、筆にでんと「微妙」と書かれていると、「この筆、ちょっと微妙なんだけどー」というギャルの方々の苦情が聞こえてきそうで、家族と「うけるー」と笑い合った。

「お坊さんと言葉」はけっこう興味深いことが多く、お坊さんの隠語で「般若湯《はんにゃとう》」と言えば「お酒」というのは有名な話。先日ちょっと調べ物をしていたら「分別《ふんべつ》」という言葉もなかなか変遷のある言葉で、「分別がある人」と言えば今ではいい言葉として使う人が多いが、もともと仏教語の「分別智」は、事物に対する一面的な智でしかなく、「無分別智」が主客の対立を超えた〝真理を見る智慧〟なのだ。ここまでは、けっこう一般的にも知られている話だと思うのだけど、この「分別」は、僧侶の隠語で「鰹節《かつおぶし》」の意味もある。これは今まで知らなかった。いったい、どういうシチュエーションで使っていたのだろうか。

たとえば汁の「だし」にうまみ成分がもっと欲しかった僧侶が、どうしても鰹節を使いたかったけれど「生きもの」なので、僧侶の食事に使うことができなかった。でも仲間と相談のうえ、「ここはひとつ、使おうじゃないか」という話になった。「でも、おまえ、鰹節っておおっぴらに言えないよね」「そうよなぁ、じゃあ合言葉は〝分別〟でいこう。おまえ、そこの分別とって」「よしきた。〝分別〟な。あいよ」(と、すばやく鰹節をパス)というシーンが鮮明に浮かんだけれど、たぶん、違うのだろう。想像なので間違っていたらすいません。ちなみに僕たちは修行中にマヨネーズのことを「マヨ」と呼んでいたが、これは隠語ではなく、ただの「短縮形」だ。

丸ごと木でできたお遍路さんのトイレ

住職になって十年たち、ここにきてお寺に必要な機能を持つために、いくつかの建物をつくる事業が続いた。今回の事業はお遍路さんのための「公衆トイレ」。栄福寺のトイレはなかなかの年代物で、妻がお嫁に来た途端、お遍路さんから、

「ここのトイレは、四国札所で二番目に汚い！」

と怒鳴られたこともあり（怒鳴ることはないのに。でも、一番はどこか気になる）、懸案であった。場所は、境内に隣接した農地を地目変更して作ろうと長年、思っていた。何度も役所に足を運び、何人かの法律の専門家に依頼もしたけれど、法規的なことがあってそれがかなわず、結局、境内地のどこかに作るしかなかった。場所は入り口付近しかないが、ここは木がたくさんあり、できれば切りたくはない。

そこで今回も建築家の白川在さんに応援（設計、配置計画）を依頼することにした。そこで出てきたアイデアは、「できるだけ境内の木を切らない」ようにするために、トイレを三つの棟に分けて、木を避けながら設置するという案だった。建物も小さくなり、圧迫感も減る。建物は、この建物のために開発した新しい工法により、地元産ヒノキの間伐材《かんばつざい》でできている。今

回は屋根も「木」で葺《ふ》くこと（板葺《いたぶ》き）になった。
「木でできた屋根なんてはじめてみるので、楽しみにしています」
と現場の大工さんに声をかけると、「住職、僕らもはじめてです！」ということなので、ますます楽しみになってきた。断熱効果も高いみたいで、国（日本）の重要文化財、立山連峰の室堂《むろどう》も板葺きとのこと。寒い山のお寺にぴったりのトイレになるといいな、とワクワクしはじめた。

そして、このトイレは完成後「グッドデザイン賞」を受賞した。「お寺でグッドデザイン賞」というのは、なんだかちょっとうれしい。受賞理由のコメントにある「一見ふつうの小屋のようで、風景をきっちりと大切にしながら、そこに邪魔にならないよう建てさせてもらう、という思想が感じられ好感が持てる。地場産ヒノキ間伐材の使い方もセンスがよく、時間が経つと共により周囲に溶け込んでいくことが想像できる」という文章を読み、困難な条件だからこそできることがあるということ、そして自分の伝える仏教もそんなものでありたいな、と思った。

第一、おじいさんのお遍路さん（失礼！）に怒鳴られるよりは、境内を訪れた女の子たちが、「えー、このトイレ可愛いんだけど！」と言っているのを聞くほうが、百倍うれしい（ごめんなさい）。

子どもを授かる

尼僧でもある妻の妊娠がわかった。まだ「自分の中の問題」が片付いていないように感じる中での妊娠だったので、わかった時はすこし驚いたけれど「もしかしたら、自分の問題が片付いていないからこそ」子どもを授かったのかな、と大きな力の「はからい」を受けたような気持ちに変化してきた。

そのような中で、誰かを育てる「親」として、もっと必要なものを自然に探していた。それは「心の中の思い」にも注意する、ということだった。「心の中の思い」というのは、外から他人には見えないけれど、だからといって「荒れ放題」にしすぎるとあまりよくないな、と気づいたのだ。

もちろん「自分の心の中」の〝自由さ〟は、それだけでとても大切なことで、たとえば性的な妄想や、他人を殴りつけたいような気持ちを「心の中だけで」終わらせることは、とても大事なことだと思う。しかし、だからといって「心の中だけのことだから」といって、あまり悪意に満ちたり、暴力的すぎることや、小賢《こざか》しさが過ぎることを考えていると、それが内面や外面にも影響を与える、そんな経験を何度かしてきた。

仏道の基本中の基本になる、苦から逃れるための八つの「道」に八正道《はっしょうどう》がある。それは一、正見《しょうけん》（正しい見解）、二、正思《しょうし》（正しい思惟《しい》）、三、正語《しょうご》（正しい言葉）、四、正業《しょうごう》（正しい行為）、五、正命《しょうみょう》（正しい生活）、六、正精進《しょうしょうじん》（正しい努力）、七、正念《しょうねん》（正しい思念）、八、正定《しょうじょう》（正しい精神統一）であり、釈尊が最初の説法「初転法輪《しょてんぽうりん》」で説いたと伝えられている。その中でもこの「心の中の思い」に注意深くあるということは、「二、正思」と「七、正念」に関連することでもあるのかな、と感じた。

「正しい、正しいってそりゃ、なかなか人間には難しいぜ」

というのはそのとおりなのだけど、心の動きがすべて「そのまま」で「モロ出し」だと、なかなかあなたも周囲も「しんどいよ」「危ないよ」ということは、親になる人間として注意をして生活をしてみようと思う。

「心の中のこと」もあなたをあなたとする大切な〝部分〟であり、ときに〝中心〟でもある。そんなことを考えていた。「禁止」するのではなく「注意深くある」。それが、大切なように思う。

逆に考えると、心の中「だけ」であっても、ワクワクしたり、ゆったりしたり、誰かのしあわせを祈ることも、なにか〝確かなもの〟につながっているように感じる。それは「自分」だけでなく、生まれてくる子どもにも伝えてあげたいことだ。

「現場」の中での仏教を

今治市の図書館に友人が勤めていて、二年越しで講演を依頼してくれたので、久しぶりにお話をさせてもらった。お坊さんに講演を依頼すると、「すいません、できたらお葬式の入らない〝友引〟でお願いできたら……」などと不思議なことを言い出すので、なかなか大変である。

今回はお腹が大きくなってきた妻も「私も行ってみたい」ということで、話を聞きに来てくれた。人前で話す時に僕が一番やりづらいのは、「お坊さんの前」。そして、次に話しづらいのは「家族の前」なので、妻の場合、尼僧なので「ダブルネーム」で「やりづらいなぁ」と思ったのだけど、結局、妻の前で話してよかったなぁと思った。

仏教の話をしていると、やはり「心の中」の話が多くなる。たとえば「怒り」の持つ「マイナスの側面」について、仏教の言葉や思想を紹介しながら話したりする。しかし家族は四六時中一緒にいるわけなので、僕がしょうもないことに怒ったり、ふてくされたりしていたのを、よく知っている。「やりづらい」のは、そんな部分でもあったのだけど、

「いやぁ、僕もよく怒るのですが、やっぱりよくないとあらためて反省しています……」

なんて話を進めると、その場所が笑いで今までよりも柔らかくなったり、実践に即した「現場的」な雰囲気が流れていたような気がした。「で、どうする?」というような。

子どもを授かったことで、僕の考える、人々に語る仏の教えも、もっと「現場」に即した実践的なものになるとしたら、それも大きな「はからい」だと思う。

「途中の仏教」

そんな生活の中で、今まで以上に僕がこれから取り組みたい「仏教」について、できるかぎ

り正直に考えはじめていた。日本の仏教は、僧侶が集団生活をしていなかったり、戒律が曖昧になっていたり、家族と暮らしていたり、正直なところ「弱点をあげようと思えばキリがない」存在かもしれない。でも僕は、「そんな僕（たち）だから」考えられることも、あるんじゃないかと思うことがある。

それはどんな形か考える時、いつもある言葉を思い出す。記憶なので細かい部分は曖昧なのだけど、ある作家と心理療法家の対談で話されていた内容だった。作家の方が、「最近の親は、〝うちの子〟しか見えていない気がして……」と話をふると、その心理療法家の方が「いえ、〝うちの子、がんばれ〟、ある意味では、それでいいんです」という意味のことを話されていた。僕はなぜか子どもを授かる前から、その言葉を繰り返し思い出すのだ。

この部分だけで、すべてを理解してしまおうとすると間違うと思う。しかも、多くの仏教国の僧侶が結婚をしなかったり、子どもを持たない中で、今、子どもを授かった自分は、とくに注意深くあるべきトピックだろう。それでも、ここには大事なテーマがあるように思う。

人間がさとって自他の区別を超越すると、自分の子も他人の子も、自分も他人も分け隔《へだ》てのない世界が広がっているだろう。それは一種の理想郷だと思うし、それを「実現不可能なことだから、荒唐無稽《こうとうむけい》な話だ」と僕は思わない。実際にそこに向かって真摯《しんし》に修行されてきた方が今までもいたし、今でもいらっしゃるのだから。

しかし、その「途中」の地点も同時にあると感じるのだ。修行の足りない今の僕（たち）は、どうしても「うちの子がんばれ」と思ってしまう。「うちの子がんばれ」というのは、ようするに「オレ、がんばれ」とほとんど同じような意味だ。

でもそのような中で「うちの子がんばれ」だけど、「よその子もがんばれ」「あなたもがんばれ」とどこか「正直に」思えたならば、そこにも「今まではなかった」「感じることのできなかった」よろこび、しあわせ、リラックスがあるんじゃないか、そんなことを想像した。

それを僕は「途中の仏教」あるいは「かなしみの仏教」と心の中で呼んでいる。最初から途中を目指すわけではなく、情けないけれど、恥ずかしながら、今のところ「途中です」。途中だから、よろこびもかなしみもいっぱいある。でも「一歩でも二歩でも、しあわせやリラックスに近づきたいと思っているんです」。そういう仏教を語れるのは、もしかしたら日本のお坊さんである「僕たち」なのかもしれない。

傍《かたわ》らに立って、その神はこのように言った、――

「きみよ、あなたは激流をどのようにして渡ったのですか?」

「友よ。わたしは、立ち止まることなく、あがくことなしに、激流を渡りました」

「きみよ。では、あなたは、どのようにして、立ち止まることなく、あがくことなしに

激流を渡ったのですか?」

「友よ。わたしは**立ち止まる時に沈み、あがく時に溺れるのです**。わたしは、このようにして立ち止まることなしに、あがくことなしに激流をわたったのです」

『サンユッタ・ニカーヤ』第一篇第一章第一節三

あまり自分に都合よく聞いてはならない、渾身の仏教の教えだろう。——「立ち止まる時に沈み、あがく時に溺れる」——何度も思い出したい言葉だ。

栄福寺のウェブサイトを立ち上げた時、僕はトップページに、あるコピーを添えた。それは「SING ALONG BUDDHA, DANCE WITH KUKAI.」(「ブッダと歌い、空海と踊ろう」)という言葉だった。そう、僕たちは今、ここで「踊り続けなければならない」。立ち止まることなく、あがくことなしに、激流の中で。

僕は「父親」として、生まれてくる子どもの姿をおぼろげに想像し、自分の「知りたい」「伝えたい」仏教が、よりリアルになっているような気持ちを抱えていた。

密成訓

一、「心の中のこと」もあなたである。

一、仏教には「途中」もある。「うちの子がんばれ」と言いながらの仏教もある。

一、ブッダと歌い、空海と踊ろう。立ち止まらず、あがくこともなしに。

エピローグ——そして話は最初に戻る

「それではメリークリスマス！（そういえば、お坊さんやお寺でクリスマスってあるんですか？）」

「坊さん」である僕がクリスマスにもらうメールには、多くの人が最後にそんな意味の文章を付け加えている。

「クリスマス？　そんな異教徒の誕生祭に、チャラチャラした気分でいるはずはないでしょう。座禅ですよ、座禅。そして四月八日の花祭《はなまつり》（ブッダの誕生法会、灌仏会《かんぶつえ》のこと）を虎視眈々《こしたんたん》と待つ！」

というほど興奮しているわけではないけれど、とくになにかをするわけではない（当たり前か）。しかし今年は「新婚」でもあるし、妻にはウールのひざかけをプレゼントした。「花祭」には、もっといいものをプレゼントしないといけない……。

ちなみに近所の寺の体格のいいお坊さんは、「子ども会」のクリスマス会に「サンタさん」として毎年、何件も駆り出されるそうだ。剃髪したサンタクロースとは、なかなかしぶい。

年末年始は「坊さん」である僕にとって、けっこう忙しい時期だ。檀家さんへの「暦《こよみ》」や「来年の法事連絡」の発送、除夜の鐘をついて正月を迎えても、一月二日、三日、四日と檀家さんの家を回って新年の御祈禱札を一軒、一軒配り、各家で仏壇にお経をあげる。

住職になった頃は、この新年のお参りが精神的に負担だった。つまり自分が回るのはいいのだけれど、せっかくの正月に人の家を訪れて「迷惑をかける」という気持ちがあったのだ。そして毎年、「今年が終わってから、来年どうするか考えよう」と思うのだけど、毎回「うん。これは来年もやったほうがいいな」と感じる。うまく言葉で説明できない「手応え」のようなものがびんびんとあるのだ。いつか違う意見を持つのかもしれない。

新しい喜びに包まれた家がある一方、何事もなく平穏に過ごしている家族、そして思わぬ大きな悲しみに出会った人たち。それらの話を続けて聞きながら、「だからね、仏壇に毎朝、祈らない日はないんです」と話すおばあさんの言葉に耳を傾け、お経を唱え、僕の新年は始まる。

十二月二十一日に、子ども（長女）が生まれた。坊さんの僕と尼僧の妻の子どもだ。

――「独りでいる修行をまもっているときには一般に賢者と認められていた人でも、もしも ――

――淫欲の交わりに耽《ふけ》ったならば、**愚者のように悩む**」

『スッタニパータ』八二〇――

開き直ってばかりもいられないけれど、今、僕が語れる仏教は「愚者の仏教」なのかもしれない。自身が「愚者」であると感じるからこそ、生活の中で、ささやかな「智慧」を泣き笑いしながら求めていこう。

妻の実家である神戸での出産ということや、ちょうどお葬式の予定ができたこともあり、「立ち会い」は難しいと思ったのだけど、なんとか間に合い、命が誕生する現場にいることができた。

急いで駅まで車を走らせながら、生まれてくる子どもに僕は無意識に声をかけていた。「欠点もずいぶん多いらしいこの世界のことを、僕は好きです。ようこそ」

子どもに名前をつけなければならない。まず「こずえ（梢）」という名前を思いついた。梢は「木の枝の先」という意味だ。「私が生きている」ということは、「木の枝の先っぽ」という、とてつもなく「小さなこと」でもある。しかし同時に一番根本にも、太い幹にもつながった「大きなこと」でもある。その最先端にあなたは立っている、と伝えたくなった。

最終的に決めたのは、ひらがなの「おと（音）」という名前だった。あなたも、この世界にあるすべてのことも、手と手を合わせて鳴らせた音が永遠に響くことはないように、瞬間、瞬間に流れていくものだけど、だからこそ、自分にも誰かにも「いい音」を聞かせてほしい、響かせてほしい。そういう思いを込めた。

音、といえば観音様（観世音菩薩）のことも思い出す。

「若《も》し無量百千万億の衆生《しゅじょう》ありて諸々の苦悩を受け、この観世音菩薩を聞きて一心に名を称《たた》うれば、観世音菩薩は即時に**〝其《その》音声を観て〟**皆解脱《げだつ》を得しむ」

『妙法蓮華経《みょうほうれんげきょう》』観世音菩薩普門品　現代語訳

〝音声を観て〟。この詩情あふれる場面から、「響かせる」ということ以外にも、「音に耳を澄ませる」ということを想起させられた。音に耳を澄ませる人であってほしいし、そういう人に僕もなりたい。

「音」は「言」に「一」を加えた字で、「言」は「神に誓って祈る言葉」であり、「音」はその祈りに神が反応し、夜中の静かな時に立てる、かすかな音。「音」とは、神が音を立てることであり、その訪れ、お告げである、とある（白川静『常用字解』平凡社、参照）。この意味は名前をつけた後に知ったけれど、「祈りに反応する音」があるか信じるかと問われたら、僕はそれがあると信じる人間だ。僕は坊さんである。

名前というのはときに「呪術的」な意味さえあるとも言われるだけに、本当に自分の人生観や生命観が出る。「名前をつける」というのは、本当に素敵な経験だった。人にこうあってほしい、ということは、そのまま「自分もこうありたいな」ということであり、また「ここに生きる」みなさんへのささやかなご提案でもあると感じる。

「これからは三人で力を合わせてがんばろう」

と神戸の妻にメールをすると、「これからはズッコケ三人組で生活を楽しもう！」と返信がきた。

「そういうこと、なんだよな」

と僕はしばらくそのメールを眺めていた。

愚者でありズッコケの坊さん。そんな地点から「今を生きる」。「おと」に耳を澄ませ、ゆっくりでも歩こうと思う。

僕たちは、坊さんである。

そんな日々の中で、年下のお坊さんがあるお寺の住職を任命され、その祝賀会で僕たち若い坊さんたちが「歌」を歌うことになった。僕はあまり深くは考えず、多くの人が知っている「スマップなんてどう？」と提案したのだけど、いつのまにか、それは和田アキ子の「あの鐘を鳴らすのはあなた」になっていた。「鐘」といえば「寺」というイメージでひらめいたのかもしれない。しかも、それぞれの手には、坊さんが使う、引磬《いんきん》や鉢《はち》、法螺貝《ほらがい》といった、あらゆる「鳴り物」を持ち、思い思いに勝手に鳴らしまくるプランだ。

本番、かしこまった雰囲気のホテルの大きな会場で、老僧たちがあっけにとられる中、僕たちは声をはりあげる。

「あなたに逢えてよかった
あなたには　希望の匂いがする
つまずいて　傷ついて　泣き叫んでも
さわやかな　希望の匂いがする」

つまずいて傷ついているようにも見える今の時代。でも本当にたくさんの存在が、なんとかここまでふんばってきた。そして、今も、ふんばっている。

僕は、お寺や仏教、そこから派生する営みにも「希望の匂い」をかぎとりたい。本当にひどい世の中だって、多くの人が言うけれど、もし本当にそうだとしたら、それはたぶん世の中のせいじゃなくて、ここに生きる僕たち一人ひとりのせいだから。僕たちには希望があるし、世の中にも希望はあると思う。僕は、そんなふうに思う。

「あの鐘を　鳴らすのは　あなた～」

そう声を揃えてシャウトすると、用意周到なある坊さんが、ひとりほくそ笑み、鐘をゴーンと鳴らした。

すると場内は笑い声とささやかな拍手に包まれた。

あとがき

この本を最後まで読んでくださり、本当にありがとうございます。僕の書籍デビュー作である『ボクは坊さん。』（ミシマ社）に続くストーリーでもあるこの本に描かれた時期は、結婚、出産、新しい建物の建立、また『ボクは坊さん。』の映画化が決定するという、外から見れば、人生の華やかな時期ではありました。しかし本書にも少し触れたように、僕にとっては、身体的にも心理的にも苦しい時期でした。まずはこの厳しい季節を共に過ごして励ましてくださった、師、友人、家族、栄福寺にかかわるみなさんに心から感謝の言葉を伝えます。

ミシマ社の三島邦弘さんが出版の依頼をしてくださったのは、ずいぶん前の話でした。本の書き手としての僕にとって、父であり母でもあるミシマ社からの依頼に、前作を越える作品で応えたいと力むあまり、数年というのんびりとした執筆期間をいただいたことを、この場を借りてお詫びします。その間、ミシマ社は「原稿を書けない密成和尚を励まそう」という前代未聞の読者イベントを京都で開催してくださり、三島さんは四国の栄福寺を二度も訪れてくださいました。しかし晴れてこの時期に発売されることにも、大切な「意味」を嗅ぎ取ろうと思います。前作に続き、素晴らしい装丁をしてくださった寄藤文平さんにも大きな感謝を伝えます。

本書は今まで自分なりに生きてきた中で、仏の教えをヒントにして、大切にしている僕自身の「教え」を収録しました。僕はこういうものを見つめて生きてきましたし、おそらくこれからも視野に入れながら全身で生きていくのだと思います。その中のひとつでも、ふたつでも、読者のみなさんの心をなごませ、笑顔であることにかかわれるとしたら、ひとりの僧侶として、それにまさる喜びはありません。そして自分自身、この文章を「書きっぱなし」にせず、何度も読み返し振り返りながら、「用いる」本にしようと決意しています。

なお引用させていただいた弘法大師の著作は、基本的に『弘法大師 空海全集』(筑摩書房)を用い、仏典の訳については中村元さんの訳を主に用いました。しかし他の方の訳を参考にしたり、現代の読者のスムーズな読書のために、ごく一部表現にアレンジを加えた場合もあります。また訳の太字は、流れの中で伝わりやすく読んでいただくために、僕が加えました。

本書の執筆期間中、月に一度高野山を訪れ、あこがれの僧侶のもとで弘法大師の著作を読む勉強会に参加させていただく機会を得ました。その流れの中で、高野山で長く続く「不断経《ふだんぎょう》」という法会に数日、出仕することになりました。伝統的な真っ白な法衣に身を包み、長く続いてきた儀礼に身を任せ声を出す中で、今までに感じたことのない大きな感銘を受けました。読経の最後に、お堂から離れた場所にある梵鐘が毎日必ず鳴り、次の日の経を大きな声で全員で

「次の人」に受け渡す、一風不思議な所作を持った法会です。

そのような積み重なった伝統と時間に対する敬意を保ちながら、同時に仏教やお寺を舞台にして「まっさらから自分で感じる」「アイデアを出す」ということを続けたいと思います。

執筆期間があまりに長期にわたったことで、長女ばかりでなく次女も誕生しました。長女は僕が命名しましたので、次女は妻が名前をつけることになりました。最初、彼女は「つき（月）」という名前を思いつき、月は密教とも縁が深く、語感も美しいので気に入っていたのですが、生まれた子どもを抱いてみると、その名前がしっくりこなかったとのことで、結局平仮名で「とも（友）」と名づけることになりました。

「ともに生きる」。そのことも本書の核となるテーマのひとつであり、今後の社会や僕自身の大切な修行のひとつになると感じています。「ひとり」の大切さをかみしめながら。

僧侶としても、人間としても未だ未熟な僕ではありますが、あの日、本尊に誓った「わかる言葉で仏教を伝える」、そのことを頭に描きつつ、この本をみなさんに届けます。

二〇一五年八月十七日

栄福寺　住職　白川密成（演仏堂にて）

※ 本書は「みんなのミシマガジン」の連載「となりの坊さん。」を大幅に加筆修正し、再構成したものです。
※ 引用中の強調およびルビは、著者によるものです。
写真　白川在建築設計事務所／P一五二上　北村徹／P一五二下、一五四、一五五、二一九

白川密成（しらかわ・みっせい）

一九七七年愛媛県生まれ。栄福寺住職。高校を卒業後、高野山大学密教学科に入学。大学卒業後、地元の書店で社員として働くが、二〇〇一年、先代住職の遷化をうけて、二十四歳で四国八十八ヶ所霊場第五十七番札所、栄福寺の住職に就任する。同年、『ほぼ日刊イトイ新聞』において、「坊さん。――57番札所24歳住職7転8起の日々。」の連載を開始し二〇〇八年まで二三一回の文章を寄稿。二〇一〇年、『ボクは坊さん。』（ミシマ社）を出版。二〇一五年十月映画化。他の著書に『空海さんに聞いてみよう。』（徳間書店）がある。

栄福寺ウェブサイト「山歌う」

http://www.eifukuji.jp/

坊さん、父になる。

二〇一五年九月十六日　初版第一刷発行

著者　白川密成

発行者　三島邦弘

発行所　（株）ミシマ社

郵便番号一五二－〇〇三五

東京都目黒区自由が丘二－六－一三

電話　〇三（三七二四）五六一六

FAX　〇三（三七二四）五六一八

e-mail　hatena@mishimasha.com

URL　http://www.mishimasha.com/

振替　〇〇一六〇－一－三七二九七六

印刷・製本　（株）シナノ

組版　（有）エヴリ・シンク

ISBN　978-4-903908-48-9

好評既刊

ボクは坊さん。

白川密成

24歳、突然、住職に。

仏教は「坊さん」だけが独占するには、あまりにもったいない！
笑いあり、涙あり、学びあり！
大師の言葉とともに贈る、
ポップソングみたいな坊さん生活。

2015年10月に映画化!!

ISBN978-4-903908-16-8　1600円

（価格税別）